U0541600

The World of Business

经济学超市

《经济学人》杂志社 编

林虹 译

商务印书馆
The Commercial Press
2013年·北京

The Economist
THE WORLD OF BUSINESS
The Economist in Association with Profile Books Ltd

Published by Profile Books Ltd

Copyright©The Economist Newspaper Ltd2005, 2006, 2009

目 录

002　公司创业年代
003　古老家族企业之最
004　仍在发行的古老报纸之最
005　商业出版物
006　世界大公司之最
008　美国大公司之最
010　美国大破产之最
011　大公司，大事记
012　大盈亏
013　大救援
017　公司名称来历
024　商业大错
032　董事会风格
033　董事角色扮相
034　董事在玩的游戏
036　世界最具价值品牌
039　荣登世界赞誉之首公司
040　荣登英国赞誉之首公司
041　公司自我言说
044　效率网站之最
046　商业友善状况
047　海外吸引力
048　竞争力知多少？
049　资金来之易否？
050　商业循环
051　商业开端和失败
052　收受贿赂与贪污腐败
054　营业比率
056　创业活动
056　商业成本
058　劳动力变化

060	因工人罢工和业主停工而损失的时间
062	劳工联合会实力
063	工作时长变化
064	最大商业雇主
065	首席执行官薪水
067	首席执行官悄然谢幕
069	对首席执行官的大笔开销
071	美国对冲基金总裁薪水之最
072	国际支付比较
073	顶尖法律事务所
074	顶尖会计事务所
075	商界女性
077	广告花费
079	部分知名广告标语
081	昔日商业巨头
088	世界富豪之最
089	欧洲富豪榜
090	美国和英国慈善事业
092	中国财富与慈善事业
094	1900 年以来中央银行总裁
096	可引之言
102	"坏家伙"
111	顶尖管理智囊
124	部分管理风格
125	古老证券交易所之最
126	主要证券市场
128	部分证券市场指数释义
132	股市业绩
136	股市:佳时与难时
144	证券交易所交易活动
145	股市时间显示

146	投资公式
149	私募股权
150	对冲基金
152	债券
154	爆裂的泡沫
159	石油储量和价格
160	黄金储备和价格
161	黄金事实
162	富有生产商
163	钻石和白金事实
164	货币名称背后故事
167	流通中的纸币和硬币
168	欧元印刷
168	美元$和英镑£纸币的寿命
169	汇率
170	汇率挂钩制
172	世界经济
174	主要贸易商
175	世界经济如何变化
176	主权财富基金
178	外商直接投资
179	送钱回家
180	利率
182	税收
184	公司税率
186	顶层盈利者如何缴税？
187	财富与债务
188	精彩商业书籍
191	律师爱用的拉丁语
193	词语探源
196	品牌名称造词

199	商业行话
204	佳作六原则
205	重要邮件
206	商业定律与原则
208	顶尖商学院
209	商学院成本与收益
210	从个人电脑到掌上电脑
211	芯片的力量
211	电脑处理成本
212	盗版软件的冲击
213	垃圾邮件和电子邮件
214	播客事实
216	互联网后缀
220	互联网使用
222	互联网增长
223	博客写不停
224	电信
227	公司豪华生活
228	繁忙机场之最
229	踏板的力量
231	船业
231	铁路普及度
232	商业创造与研究
234	发明家与发明
239	部分知名专利
241	商业礼仪小窍门

"经济不只是悦心怡人,更让人激越畅快。它激发了人的整个思维兴趣……使其深深地沉醉于其中。但表面上它可不是这样。"

——沃尔特·白哲特,记者、作家,1861 年至 1877 年任《经济学人》编辑。

公司创业年代

年代	公司	行业	国籍
578	金刚组	建筑施工	日本
1288	斯道拉恩索	造纸	芬兰
1385	安提诺里	葡萄酒和橄榄油	意大利
1526	皮埃特罗·贝瑞塔	军火	意大利
1630	龟甲万	酱油	日本
1630	住友	多种经营	日本
1639	贺加尔父子	葡萄酒	法国
1642	詹姆斯·洛克	帽子	英国
1672	霍尔	银行业	英国
1698	百利兄弟	酒商	英国
1734	泰亭哲	香槟	法国
1739	威廉·克拉克	日用织品	英国
1748	唯宝	餐具	德国
1759	玮致活	瓷器	英国
1761	辉柏嘉	铅笔	德国
1786	莫尔森	酿酒	加拿大
1802	杜邦	化学	美国
1853	李维·斯特劳斯	服装	美国
1860	安海斯·布希	啤酒	美国
1862	百加得	罗姆酒	古巴
1867	标准石油	石油	美国
1869	高盛	投资银行业	美国
1886	可口可乐	软饮料	美国
1892	通用电气	电气设备	美国
1896	巴克莱	银行	美国
1901	美国钢铁	钢铁	美国
1903	福特汽车	汽车制造	美国
1909	英国石油	石油	英国
1916	宝马	汽车（马达工程）	德国
1943	宜家	零售	瑞典
1946	索尼	消费电子产品	日本
1955	麦当劳第一门店	快餐	美国
1962	沃尔玛第一门店	零售	美国
1971	星巴克	咖啡店	美国
1975	微软	软件	美国
1977	苹果电脑	电脑	美国
1998	谷歌	互联网	美国

资料来源：公司网址；《成功世纪》作者：威廉·T·奥哈拉；杂志《家族企业》(*Family Business*)。

古老家族企业之最

创建年代	公司	业务	国籍
718	栗津温泉酒店	酒店管理	日本
1000	古拉尼堡	葡萄酒园/博物馆/蝴蝶收藏	法国
1000	马瑞内利铸钟场	铸钟场	意大利
1141	瑞卡梭利男爵	葡萄酒和橄榄油	意大利
1295	巴诺维亚和托索	玻璃制造	意大利
1304	朝圣者宾馆	酒店管理	德国
1326	理查德·德·巴斯	造纸	法国
1369	铎利尼·费兰兹	金饰品制作	意大利
1385	安提诺里	葡萄酒和橄榄油	意大利
1438	卡穆福	造船	意大利
1494	古萨格男爵	葡萄酒	意大利
1500	格拉西亚·德鲁塔	陶瓷	意大利
1526	皮埃特罗·贝瑞塔	军火	意大利
1530	威廉·普利民	紫铜、黄铜、男士服饰	德国
1541	约翰·布鲁克父子	毛纺织品	英格兰
1545	图法布里克	制绳	荷兰
1551	科多纽	葡萄酒	西班牙
1552	丰雅拉	葡萄酒	瑞士
1568	凡·波辛格	玻璃制造	德国
1575	洛斯林格庄园	葡萄酒，酒店	智利
1590	贝伦贝格银行	银行业	德国
1591	德特内尔父子	建筑	英格兰
1594	皇家蒂士拉	陶器，瓷砖	荷兰
1596	艾德沃德·梅尔	制鞋	德国
1600 前	虎屋	甜品	日本

资料来源：www.familybusinessmagazine.com/worldsoldest.html。

仍在发行的古老报纸之最

创建年代	名称	国籍
1645	《波斯特—恩里克斯国内时报》*	瑞典
1656	《哈勒姆日报》	荷兰
1664	《曼托瓦报》	意大利
1665	《伦敦报》	英国
1703	《维也纳日报》	奥地利
1705	《希尔德希海姆汇报》	德国
1709	《伍斯特日报》	英国
1711	《纽卡斯尔日报》	英国
1712	《史丹福水星报》	英国
1720	《北安普敦水星报》	英国
1725	《哈瑙报》	德国
1734	《劳埃德海事报》	英国
1737	《贝尔法斯特时事通讯》	英国
1738	《纽莎特论坛报》	瑞士
1740	《达姆日报》	德国
1747	《新闻日报》	英国
1749	《贝林时报》	丹麦
1750	《吉森报》	德国
1752	《吕伐登日报》	荷兰
1754	《约克郡邮报》	英国
1755	《帕尔玛报》	意大利
1758	《泽兰省日报》	荷兰
1758	《诺尔彻平时报》	瑞典
1761	《萨尔布吕肯日报》	德国
1761	《绍姆堡日报》	德国
1762	《24小时/洛桑论坛报》	德国

*2007年2月起,只有网络版。

资料来源:世界报纸联合会(World Association of Newspapers)、各大公司。

商业出版物

出版物	起始年代
《经济学人》	1843
《金融时报》	1888
《华尔街日报》	1889
《福布斯》	1917
《巴诺》	1921
《哈佛商业评论》	1922
《时代》	1923
《商业周刊》	1929
《财富》	1930

发行,每期销售数量

	欧洲	北美	亚太地区	销售总量
《商业周刊》	…	925,820	…	…
《经济学人》	375,619	786,977	133,846	1,340,252
《金融时报》	263,888	129,445	41,008	434,340
《福布斯》	…	919,742		
《财富》	83,613	865,517	85,013	1,034,143
《哈佛商业评论》*	40,925	164,054	23,530	242,680
《时代》	433,899	3,578,834	264,350	4,332,391
《华尔街日报》	79,579	2,069,463	77,365	2,226,407

注释:2008年7月-12月数据,*不包括10月数据。销售总量包括其他地区。
资料来源:发行审计局(Audit Bureau of Circulations)。

世界大公司之最

2009*	市价总值(十亿美元)
中国石油(中国)	343.3
埃克森美孚(美国)	341.1
微软(美国)	211.5
中国移动(中国香港)	200.8
中国工商银行(中国)	199.1
沃尔玛商场(美国)	188.8
中国建设银行(中国)	174.2
巴西石油(巴西)	165.1
强生(美国)	156.5
英荷壳牌(荷兰/英国)	156.3
宝洁(美国)	148.9
英国石油(英国)	147.5
美国电话电报(美国)	146.6
必和必拓(澳大利亚/英国)	143.8
雀巢(美国)	144.1
汇丰银行(英国)	143.3
伯克希尔·哈撒韦(美国)	138.1
国际商业机器(美国)	138.0
雪佛龙(美国)	132.8
丰田汽车(日本)	131.2

* 始自6月30日。
资料来源:汤森路透(Thomson Reuters)。

1993	年收入(十亿美元)
通用汽车(美国)	133.6
福特汽车(美国)	108.5
埃克森(美国)	97.8
英荷壳牌(荷兰/英国)	95.1
丰田(日本)	85.3
日立(日本)	68.6
国际商业机器(美国)	62.7
松下电气(日本)	61.4
通用电气(美国)	60.8
戴姆勒—奔驰(德国)	59.1
美孚(美国)	56.6

2008	年收入（十亿美元）
英荷壳牌（荷兰/英国）	458.4
埃克森美孚（美国）	442.9
沃尔玛商场（美国）	405.6
英国石油（英国）	367.1
雪佛龙（美国）	263.2
道达尔（法国）	234.7
康菲石油（美国）	230.8
荷兰国际集团（荷兰）	226.6
中国石化（中国）	207.8
丰田汽车（日本）	204.4
日本邮政控股公司（日本）	198.7
通用电气（美国）	183.2
中国石油天然气集团（中国）	181.1
大众（德国）	166.6
国家电网（中国）	164.1
德克夏集团（比利时）	161.3
埃尼（意大利）	159.3
通用汽车（美国）	149.0
福特汽车（美国）	146.3
安联（德国）	142.4

资料来源：《财富》(Fortune)；年度报告。

1993	年收入（十亿美元）
尼桑（日本）	53.8
英国石油（英国）	52.5
三星（韩国）	51.3
菲利浦·莫里斯（美国）	50.6
工业复兴（意大利）	50.5
西门子（德国）	50.4
大众（德国）	46.3
克莱斯勒（美国）	43.6
东芝（日本）	42.9

资料来源：《财富》。

美国大公司之最

1955	年收入（十亿美元）	1965	年收入（十亿美元）	1975	年收入（十亿美元）
通用汽车	9.8	通用汽车	17.0	埃克森	42.1
埃克森	5.7	埃克森	10.8	通用汽车	31.6
美国钢铁	3.3	福特汽车	9.7	福特汽车	23.6
通用电气	3.0	通用电气	4.9	德士古	23.3
埃斯马克	2.5	美孚	4.5	美孚	18.9
克莱斯勒	2.1	克莱斯勒	4.3	雪佛龙	17.2
阿莫	2.1	美国钢铁	4.1	海湾石油	16.5
海湾石油	1.7	德士古	3.6	通用电气	13.4
美孚	1.7	国际商用机器	3.2	国际商用机器	12.7
杜邦	1.7	海湾石油	3.2	埃梯梯	11.2

1985	年收入（十亿美元）	1995	年收入（十亿美元）	2005	年收入（十亿美元）
埃克森	90.9	通用汽车	155.0	埃克森美孚	339.9
通用汽车	83.9	福特汽车	128.4	沃尔玛	315.7
美孚	56.1	埃克森	101.5	通用汽车	192.6
福特汽车	52.4	沃尔玛	83.4	雪佛龙德士古	189.5
雪佛龙德士古	47.3	美国电话电报	75.1	福特汽车	177.2
国际商用机器	45.9	通用电气	64.7	康菲石油	166.7
杜邦	35.9	国际商用机器	64.1	通用电气	157.2
美国电话电报	33.2	美孚	59.6	花旗集团	131.0
通用电气	28.0	西尔斯罗巴克	54.6	美国国际集团	108.9
阿莫科	27.0	奥驰亚	53.8	国际商用机器	91.1

2008	年收入（十亿美元）
埃克森美孚	442.9
沃尔玛商场	405.6
雪佛龙	263.2
康菲石油	230.8
通用电气	183.2
通用汽车	149.0
福特汽车	146.3

续表

美国电话电报	124.0
惠普	118.4
瓦莱罗能源	118.3

资料来源：《财富》，年度报告。

美国大破产之最

始自 1980	资产（十亿美元，2008年价格）	资产（十亿美元，现价）	年份
雷曼兄弟	691	691	2008
华盛顿互惠银行	328	328	2008
世界通讯公司	124	104	2002
通用汽车	91	91	2009
安然	79	66	2001
康赛克	73	61	2002
德士古	67	35	1987
美国金融公司	61	34	1988
新英格兰银行公司	48	30	1991
太平洋煤气电力公司	44	36	2001
克莱斯勒	40	39	2009
桑恩伯格房贷	37	37	2009
环球电讯	37	30	2002
瑞富投资集团	36	33	2005
印地迈银行集团	33	33	2008
普增房产	30	30	2009
美国联合航空公司	30	25	2002
卡尔派恩公司	30	27	2005
莱昂德尔化学公司	28	27	2009
新世纪金融公司	27	26	2007

注：现价是破产时的价格；2008年价格是根据价格上涨进行调整的价格。
资料来源：BankruptcyData.com；美国劳工统计局（US Bureau of Labour Statistics）。

大公司，大事记

- 空中客车（Airbus）1990年交付使用95架飞机，波音（Boeing）交付使用527架飞机。2000年空中客车交付使用311架，相比而言，波音交付使用492架。2008年，空中客车交付使用483架，波音交付使用375架。
- 可口可乐（Coca-Cola）产品在200多个国家进行销售，每天饮料销售超过10亿人次。
- 埃克森美孚（Exxon Mobil）2008年每天生产390万标准油桶石油和天然气；英国石油公司（BP）生产380万标准油桶；英荷壳牌（Royal Dutch Shell）和中国石油（PetroChina）生产320万标准油桶。
- 通用汽车（General Motors）1921年占有美国12%的汽车市场份额，1929年超过福特汽车（Ford Motor），19世纪60年代早期超过50%的份额。2009年前半期跌至20%。
- 谷歌（Google）搜索2009年5月每天点击量达到近300万次。
- 麦当劳（McDonald's）在118个国家拥有超过3万家快餐店，每天为近6000万顾客服务。
- 微软（Microsoft）销售额1978年突破100万美元；1990年突破10亿美元；1997年超过100亿美元。2009年6月结束的财政年，其收入达584亿美元。
- 三星电子（Samsung Electronics）2009年第二季度占有19.9%的液晶电视机市场份额。LG电子（LG Electronics）占有12.6%的市场份额，索尼（Sony）占有11.4%的市场份额。瑞轩（Vizio）在北美市场销售量最高。
- 星巴克（Starbucks）遍布44个国家,拥有11,000家门店；其长期目标是到2006年10月在世界范围拥有40,000家门店，其中至少一半在美国境外。
- 沃尔玛商场（Wal-Mart Stores）在世界范围拥有7,000多家商场，雇用超过200万员工。每年美国境内商场有2亿多顾客光顾。

资料来源：公司报告、新闻报道。

大盈亏

盈利和亏损

年度最高盈利（全球）：埃克森美孚2008年赢利452亿美元。英国：英荷壳牌2008年盈利314亿美元。

年度最高亏损（全球）：美国国际集团（American International Group）2008年亏损993亿美元，其中第四季度亏损617亿美元，使其不得不从不良资产和信用违约互换中大量减记损失，这一手段意在保护银行免受拖欠债款和衍生品之累。美国政府启动1,825亿美元紧急救援资金对美国国际集团施救。2002年，在对美国在线（AOL）大幅度进行价值减记之后，美国在线时代华纳（AOL Time Warner）亏损987亿美元。美国国际集团击败美国在线时代华纳成为冠军，2002年第四季度542亿美元的损失也创造了纪录。

年度最高亏损（欧洲）：英国苏格兰皇家银行（Royal Bank of Scotland）2008年损失241亿英镑，打破纪录。162亿英镑的减记中大多是由于前一年接手荷兰银行（ABN Amro）。之前的纪录是由沃达丰（Vodafone）保持的，2006年3月止，在对资产尤其是对其在德国的资产进行大幅核销之后，当年亏损额达219亿英镑。

日本 瑞穗金融集团（Mizuho Financial Group）曾经是世界上资产量最大的银行，2002年4月起始的年度损失达2.4万亿日元（195亿美元）。丰田汽车（Toyota Motor）尽管在2008年代替通用汽车成为第一大汽车制造商，2008财年是自1941年开始公布结果以来第一次出现亏损。而日立（Hitachi）亏损7,870亿日元（超过80亿美元），成为日本制造业年度最大亏损企业。

资料来源：公司网站、新闻报道。

大救援

美国国际集团——恢复不利

美国国际集团是一家保险公司,与全球金融体系纠结甚广,因此根据美国政府的观点,集团不允许出现任何闪失。2008年9月由于与美国抵押贷款市场有关的不良投资,美国国际集团遭受巨大损失,美国联邦储备局涉足其中,为其提供两年期最高信贷额度达850亿美元的贷款,美国政府也因此得到该保险公司79.9%的股份。但美国国际集团的麻烦并未就此结束,2009年3月联邦救助的开销已达1,825亿美元。

贝尔斯登(Bear Stearns)——被厉熊抓住

2008年3月,华尔街第五大投资银行贝尔斯登发现身处资产担保证券市场,其可抵押债务属于次级抵押贷款,正濒于破产。由于认为无法施救,公司经政府中间牵线达成交易,以2.36亿美元的价格卖给摩根大通公司(JPMorgan Chase)。美国联邦储备局同意担保数目高达300亿美元(后来降到290亿美元)的债务以促成购买交易。

房地美(Freddie)与房利美(Fannie)陷入困境

由于次级抵押贷款市场混乱不断加深,房地美(联邦住宅贷款抵押公司)和房利美(联邦国民抵押贷款协会)2008年9月处于"接管"状态(实际上是政府接管)。据估算,这两个政府担保企业已经承保了美国3/4的新贷款,并将其重新打包成他们持有或出售的债券。美国财政部已同意购买达2,000亿美元的新发行高级优先股,2009年2月购买数额翻了一番,高达4,000亿美元。

"9·11"后救助民航产业

美国国内民航产业在2001年9月11日世贸中心和五角大楼被袭之前就由于巨额贷款和油价不断提升而处于挣扎状态。恐怖袭击11天之后,国会通过了《航空运输安全与系统稳定法》,提供50亿美元现金外加100亿美元的贷款担保作为对禁飞航班的补偿,同时补偿不断增高的安保费用,并承保额外保险。

拯救汽车制造商

2008年12月,乔治·W·布什总统宣布美国汽车产业将获得174亿美元以抵御破产威胁,

其中134亿美元划归通用汽车,40亿美元划归克莱斯勒(Chrysler)(之前1979年克莱斯勒处于困境中时已得到政府以贷款担保形式的救助,金额达15亿美元)。到2009年6月1日止,两大公司都申请了《破产法》第十一章保护,但几周之内便从债务中挣脱出来。自此之后的其他支持性措施还包括政府资助旧车报废计划,为顾客购买新车、报废旧车提供补助。美国国会最初拨款10亿美元资助这一计划,之后又追加了20亿美元。在欧洲,法国2008年12月采用这一计划时耗资约2.2亿欧元(2.8亿美元);到2009年7月时,已达3.9亿欧元。德国最初15亿欧元的计划深受公众欢迎,又追加了50亿欧元。英国汽车报废计划预算为3亿英镑(4.4亿美元),该计划与其他国家有所不同,补助支付是由政府和汽车零售商共同分担。

储蓄与贷款机构——不算节俭

1989年美国总统乔治·W·布什签署了《金融机构改革、复兴与强化法案》以拯救储蓄贷款协会(被称之为"节俭机构")。管制放松鼓励了贷款人。这一举措专门针对抵押贷款,目的是使贷款扩大范围,进入情况糟糕、更有风险的经营项目。1986年到1995年之间,有超过1,000家储蓄贷款机构破产,纳税人损失约1,200亿美元。

美国的金融拯救一揽子计划

美国国会2008年10月通过了《经济稳定紧急法案》以拯救金融体制,防止体制崩溃。该法案批准财政部购买由抵押贷款支持的高达7,000亿美元的证券和不良资产,执行《问题资产救助计划》。从政府救助一揽子计划中受益的就有花旗集团(Citigroup)。花旗集团10月份获得了250亿美元,11月份获得了200亿美元。美国银行(Bank of America)获得了450亿美元。政府还为两家银行提供了十亿美元的保障。

英国的银行拯救一揽子计划

英国政府2008年2月把北岩银行(Northern Rock)收归国有,并在2008年10月8日宣布银行拯救一揽子计划数天

之前接管了布拉德福德—宾利银行（Bradford & Bingley）的抵押贷款权。政府还使用 750 亿英镑（1,320 亿美元）为金融机构提高资本。一揽子计划同时还在 4 月份将"特别流动资本支持，"从最初的 1,000 亿英镑提高到了 2,000 亿英镑。一揽子计划允许银行可以用非流动性抵押贷款支持的证券换短期国债，还提供价值 2,500 亿英镑的贷款保障以鼓励银行重新开始互相贷款。5 天后，政府向苏格兰皇家银行（Royal Bank of Scotland）、苏格兰哈里法克斯银行（HBOS）和劳埃德银行（Lloyds TSB）注入资金 370 亿英镑，还暂停了垄断法则，允许劳埃德银行收购苏格兰哈里法克斯银行。政府以此取得了苏格兰皇家银行 60% 的股份以及更名为劳埃德银行集团的 40% 的股份。

欧洲金融拯救一揽子计划

欧洲各政府在 2007 年夏开始的金融危机之后对几家银行进行了大救援。德国工业信贷银行（IKB Deutsche Industriebank）这一德国小型国内贷款机构首先请求援助。一年之后，荷兰、比利时和卢森堡政府以 12 亿欧元（164 亿美元）对富通集团（Fortis）施行了援救，并部分将之收为国有。2008 年 9 月下旬，冰岛政府在对格里特利尔银行（Glitnir）注入 6 亿欧元（8.76 亿美元）的资金之后取得了该银行 75% 的股份。10 月，冰岛国家银行（Landsbanki）和克伊普辛银行（Kaupthing）也被收归国有。

同一月份，荷兰政府提供 2,000 亿欧元（2,700 亿美元）以保障银行间借贷，并追加 200 亿欧元紧急基金以加强资本状况［荷兰国际集团（ING）获得 100 亿欧元］。瑞士最大银行瑞士联合银行集团收到了来自政府的 60 亿瑞士法郎（52 亿美元），政府还创建了一个 600 亿美元的基金，银行可以向其申请报废不良资产。瑞典政府吸取 20 世纪 90 年代金融危机的教训，宣布了一项高达 150 万亿瑞典克朗（2,000 亿美元）的一揽子救助计划，几乎相当于其国民生产总值的一半。法国政府拨款建立 3,600 亿欧元的救助基金，其中包括转作银行资本的 400 亿欧元。德国宣布了援助一揽子计划，国家保障 4,000 亿欧元用于支持银行间借贷，800 亿欧元补充资本。德国第二大资产债权人海珀不动产银行（Hypo Real Estate）获得了高达 500 亿欧元的重新修订的一揽子救援计划，公司后来被收归国有。

2008年11月,德国商业银行获得了82亿欧元(104亿美元),德国政府得到了25%的股份。西班牙2009年6月宣布建立高达990亿欧元的银行援助基金。同年早些时候,一家小型储蓄银行拉曼恰银行(Caja Castilla La Mancha)获得了90亿欧元的援助。

资料来源:公司报告、报纸报道。

公司名称来历

阿迪达斯（Adidas）这家德国的体育用品公司是以公司创始人阿道夫（阿迪）·达斯勒［Adolf（Adi）Dassler］的名字命名的。

阿多比（Adobe）公司是以流经美国软件公司创始人约翰·沃诺克（John Warnock）和查克·格施克（Chuck Geschke）住房的小溪的名字命名的。

阿尔迪（Aldi）公司是以其创始人阿尔布雷希特（Albrecht）一家人和企业的经营特色"折扣（discount）"两字来命名的。

阿尔法·罗密欧（Alfa Romeo）阿农尼玛·隆巴尔达·法布里克汽车公司（Anonima Lombarda Fabbrica Automobili）于1915年由尼古拉·罗密欧（Nicola Romeo）接管。阿尔法罗密欧的第一款车"鱼雷20—30马力"于1920年制造。

亚马逊（Amazon.com）美国网上零售业创始人杰夫·贝索斯（Jeff Bezos）最初想把他的公司称之为卡达布拉（Cadabra.com），这个名字就像是咒语（abracadabra）一样。他的律师给他提建议说，这个名字听起来像尸体（cadaver）的发音。因此公司便重新以世界第二大河来命名，而这并不只是巧合排在了字母表的开头。

安斯德（Amstrad）英国电子工业公司是艾伦·迈克尔·休格贸易公司（Alan Michael Sugar Trading）的承包商，公司以其创始人命名。

苹果（Apple）史蒂夫·乔布斯（Steve Jobs）是公司的联合创始人之一。他或者是在哈瑞·师奎那镇的果园寻觅启发，或者是在尝试实验性全水果饮食，亦或者是想对甲壳虫乐队及其商业经营部门苹果唱片公司（Apple Corp.）给予颂扬，总之，苹果电脑为使用"苹果"这一名称支付给甲壳虫乐队一笔数额巨大的庭外解决费用，而法律纠纷仍在继续。苹果麦金塔系统是以大众喜爱的一个美国苹果品种麦金托什苹果命名的。麦金托什实验室是一家音频设备公司，也因为名称被使用而得到补偿。

阿斯达（Asda）这一英国超市连锁店现在为沃尔玛所有，是联合奶业（Associated Dairies）的承包商。

阿斯顿·马丁（Aston Martin）阿斯顿山各赛事在伯明翰

附近，那儿是英国汽车公司的创始地。这一地名为这一名称的前半部分提供了灵感，并与公司创始人莱昂内尔·马丁（Lionel Martin）的姓相结合而成。

雅达利（Atari）来自于日本的一种棋盘游戏围棋。对手的所有棋子面临被围被抓的危险，这一情形就是雅达利。

奥迪（Audi）1909年由奥古斯特·霍奇（August Horch）创建，名字来源于霍奇的拉丁语译文，在英语中的意思是倾听，是来自拉丁语的祈使形式"听"。

百安居（B&Q）这一英国自助组装连锁店的名字来自于创建者的首字母，理查德·布洛克（Brichard Black）和戴维·奎尔（David Quayle）。

巴斯夫（BASF）这一德国化学制品公司的名字取自于巴登州苯胺与苏打制造厂（Badische Anilin und Soda Fabrik）。公司在德国巴登州，以生产苯胺和苏打起家。

宝马（BMW）巴伐利亚发动机制造厂（Bayerische Motoren Werke）于1917年创建于慕尼黑，最初是生产飞机发动机。这家德国汽车公司标识的创意灵感来自于旋转的螺旋桨。

普利司通（Bridgestone）日本轮胎制造商是以其创建者石桥正二郎（Shojiro Ishibashi）来命名的，名字的意思就是"石桥"。

佳能（Canon）这一精密光学仪器实验室的新身份是取自于他第一架照相机的名字"观音"，它同时代表大慈大悲的观世音菩萨的日语名称。

家乐福（Carrefour）这家法国零售店是目前世界上最大的零售企业，他的名字来自于安纳西的十字路口。安纳西是阿尔卑斯山区的一个小镇，是家乐福第一家商场的所在地。

卡西欧（Casio）来自于创始人樫尾忠雄（Kashio Tadao）的名字。

可口可乐（Coca-Cola）这一名字来自于古柯叶和可乐果，饮料独到的味道部分来自于这些植物。这一饮料1885年作为健康补品上市销售。古柯叶是用于生产可卡因的，因此毫无疑问，它可以给可乐以提神兴奋的功效。1929年古柯叶从这一饮料中被完全去除。

大宇（Daewoo）在韩语中大宇意思是"浩瀚宇宙"。

达能（Danone）这一食品公司于1919年在巴塞罗那开始生产酸奶，名字来自对创始人艾萨克·卡拉索（Isaac

Carasso)的儿子丹尼尔(Daniel)的昵称。

易贝(eBay) 皮埃尔·奥米迪亚(Pierre Omidyar)是这一网上拍卖网站的创始人。当初他想用他的互联网顾问公司回声湾技术集团(Echo Bay techonology Group)的名字,但是一家名为回声湾矿业(Echo Bay Mines)的采金业公司已经注册了这一名称。

埃克森美孚(Exxon Mobil) 1911年美国最高法院对标准石油公司(Standard Oil)作出反托拉斯判决,将其拆分。1926年标准石油公司新泽西分公司采用了埃索(Esso,即S-O)的名称。数年之后,在某些州的其他分公司对于这一名称的使用提出异议,因此1972年,在美国,埃索的商标由发音相近的埃克森所代替(但是埃索在很多国外市场仍保留使用)。另一家分公司纽约标准石油公司与真空石油(Vacuum Oil)(前标准石油联合集团的另一分部)合并成立纽约标准—真空公司。1955年这一名称改为纽约标准美孚石油公司,后来改成美孚,并于1999年与埃克森合并。

菲亚特(Fiat) 托里诺意大利汽车股份有限公司(Società Anonima Fabbrica Italiana Automobili Torino)于1899年在都灵建立。

高明(Garmin) 世界顶级便携式卫星导航公司是以其创始人盖瑞·伯勒尔(Gary Burell)和高民环(Min Kao)的名字命名的。

谷歌(Google) 这个名字是来自于表示10的100次方这个巨大数字的单词googol,以此作为企业的开端,对这一搜索引擎能涉及的信息量之大夸下了海口。

哈根达斯(Hägen-Dazs) 这一超级冰淇淋公司创建于1961年,名字正像其产品,是纯粹的调制甜品。

哈里波(Haribo) 这家德国糖果生产企业的名字来自公司的创始人汉斯·里格尔(Hans Riegel)以及公司的诞生地波恩。

孩之宝(Hasbro) 这家美国玩具公司由哈森菲尔德(Hassenfeld)兄弟创建。

惠普(Hewlett-Packard) 比尔·休利特(Bill Hewlett)和戴维·帕卡德(David Packard)扔硬币决定他们创建的这家公司该叫休利特–帕卡德还是帕卡德·休利特。很可能是比尔赢了。

微软免费邮箱（Hotmail） 微软免费邮箱是以网络为基础的电子邮件服务，创建于 1995 年，包含所有超文本标记语言（HTML）的邮件。超文本标记语言用于编写网页。这一服务系统最初是有选择地使用大写字母显示超文本标记语言的首字母，即 HoTMaiL。

宜家（Ikea） 瑞典的这家价廉物美的家具制造厂商是由英格瓦尔·卡姆普拉德（Ingvar Kamprad）创建的。卡姆普拉德的家在瑞典爱格纳德村（Elmtaryd）一个叫作爱利姆塔德（Agunnaryd）的农场。

英特尔（Intel） 鲍勃·诺伊斯（Bob Noyce）和戈登·穆尔（Gordon Moore）原本希望把他们的微型芯片公司叫作穆尔诺伊斯。但是由于一家连锁酒店使用了同一个名字使他们的希望成为泡影，于是他们转而使用了集成电子（integrated electronics）的单词拼接。

柯达（Kodak） 之所以被称作为柯达，是因为这家相机公司的创始人乔治·伊斯门（George Eastman）认为这名字感觉上很好听。

乐高（Lego） 来自于丹麦语的一个词组"leg godt"，意思是"玩得快乐"。尽管乐高在拉丁语中也有"我来建"的意思，但公司的名称显然是先于建筑砖块创意的使用。

来科思（Lycos） 狼蛛科（lycosidae）的名字提供了灵感。这些蜘蛛是优秀的猎手，它们跟在猎物后面跑，而不是在网上抓捕。

美泰儿（Mattel） 这家美国玩具制造商的名称是其创始人哈罗德·马特森（Harold Matson）和埃利奥特·汉德勒（Elliot Handler）名字的组合。

梅赛德斯—奔驰（Mercedes-Benz） 这家德国汽车公司是由戈特利布·戴姆勒（Gottlieb Daimler）和卡尔·本兹（Karl Benz）创建的，公司名称是取自一位奥地利商人埃米尔·杰利内克（Emil Jellinek）的女儿的名字。1898 年，他开始向富商们销售和推介公司的汽车。1900 年，他向公司投资，以资助名为梅赛德斯—奔驰的新型发动机的发展。梅赛德斯既是他女儿的名字，也是他在赛车时使用的化名。

微软（Microsoft） 比尔·盖茨（Bill Gates）想要一个能让人想起他将要生产的那种微型计算机软件的名字。微软把 Micro-soft 原本的连字符扔掉了，并继续统治着世界。

三菱（Mitsubishi）这家日本联合集团的名字指的是三颗钻石的标识。名称是由意为"三"的 mitsu 和意为"菱角"的 hishi 两词组成。hishi 这一词在日语中还表示钻石的形状。

摩托罗拉（Motorola）高尔文制造公司（Galvin Manufacturing Gompany）于 20 世纪 50 年代开始制造汽车无线电设备。后缀 -ola 在那个年代的美国很流行（如：Rockola 自动唱片点唱机，Victrola 音响设备），意指高质量的音频再现。摩托罗拉意在表达运动状态下的音响。

纳贝斯克（Nabisco）这家美国食品公司 1971 年以前一直被称为国家饼干公司（National Biscuit Company）。

耐克（Nike）这家美国体育设备公司是以希腊胜利女神的名字命名的。

尼康（Nikon）这家照相机公司原来取名为 Nippon Kogaku，意思是日本光学。

尼桑（Nissan）这家公司早期被称之为 Nippon Sangyo，意思是日本工业。

诺基亚（Nokia）这一品牌是以芬兰的一个小镇的名字命名的。这个小镇是一家成功的造纸公司的发祥地，后来扩展到橡胶制品领域。之后突然起了生产移动电话的想法，结果证明很受欢迎。

甲骨文（Oracle）在一个代号为 Oracle 的项目中，拉里·埃利森（Larry Ellison）、埃德·奥茨（Ed Oates）和鲍勃·迈纳（Bob Miner）作为顾问为美国即时通信客户服务有限公司（CIA）工作。这一项目的基金提供终止了，但是三人决定完成他们已经开始的项目并在他们的软件公司沿用了这一名字。甲骨文的第一批客户中就有美国即时通信客户服务有限公司。

百事（Pepsi）布拉德饮品，是由药剂师凯莱布·布拉德海姆（Caleb Bradham）构想调制的，后来又在配方中加入可乐果，可能会和胃蛋白酶（pepsin）融合，这种酶在胃里产生，有助消化。之后，1898 年，这一饮品重新命名为百事可乐。

英荷壳牌（Royal Dutch Shell）这家公司的起源要追溯到壳牌运输和贸易有限公司（Shell Transport and Trading Company），由塞缪尔公司（Samuel & Co）建立。这是一家向维多利亚时代自然历史爱好者出售贝壳的企业。后来，这家公司感觉到了石油的市场潜力，开始了石油的贸易。

萨博（Saab）瑞典飞机公司（Svenska Aeroplane Aktiebolaget）是瑞典的一家飞机生产商，于1949年推出其第一架飞机。

三星（Samsung）韩国这家电子工业公司的名字在韩语中的意思是"三颗星星"。

西亚特（Seat）西班牙旅行汽车公司（Sociedad Española de Automoviles de Turismo）于1950年在巴塞罗那正式创建。

天空电话（Skype）这一公司建于2003年，它的建立使得通过网络免费通话成为可能。公司最初名为"跨越时空互相凝望（Sky peer-to-peer）"，后来缩短为天空凝望者（Skyper），之后改为天空电话。

索尼（Sony）这一日本电子工业公司的名字取自于一个拉丁词语"声音（Sonus）"和一个词组"可爱的男孩（sonny boy）"。公司建立之后，这一词组在战后的日本很流行。这一名称意在展示公司是一群年轻人，精力充沛，充满激情。

星巴克（Starbucks）公司名称取自于赫尔曼·梅尔维尔的捕鲸小说《大白鲸》，是以小说中捕鲸船裴廊德号（Pequod）的大副斯坦巴克的名字命名的。

斯巴鲁（Subaru）这一日本汽车公司的名字取自于日语中被称为"普勒阿斯德"或者"七姊妹"的星座。斯巴鲁是由七家公司合并而成，其标识是七颗星星的组合。

太阳微公司（SunMicrosystems）这家公司最初沿用的是大学名称，叫作斯坦福大学系统，创始人以学生的身份为其设计了首个工作站。他们选用这一名称是希望把他们的产品销售给斯坦福，但没能成功。

乐购（Tesco）杰克·科恩爵士（Sir Jack Cohen）是这一英国超市巨头的创始人。1919年，他开始在伦敦东区销售食品杂货。乐购20世纪20年代第一次出现在茶叶包装上。这一名称是基于公司茶叶供应商中的一个合作伙伴T.E.斯托克韦尔（T.E.Stockwell）的首字母和科恩这一名字的前两个字母。

丰田（Toyota）丰田佐吉（Sakichi Toyoda）起初把他的公司称作为分田（Toyeda），但他举办了一场竞赛，力图选择更好的名称，之后便更改了公司名称。新名字在日语文字中写起来有八笔，这是一个吉利的数字。

联合利华（Unilever）这家跨国集团销售许多种世界知名

消费品的品牌，从多芬香皂和好乐门蛋黄酱到立顿红茶、夏士莲洗发水和本-杰瑞冰淇淋。这家公司成立于1980年，是通过合并英国肥皂生产商利华兄弟公司（Lever Brothers）和荷兰人造奶油生产商尤尼公司（Unie）而成立的。

沃克斯豪尔（Vauxhall） 沃克斯豪尔钢铁厂（Vauxhall Iron Works）建在伏克城堡的遗址上，这是中世纪骑士伏克·布兰特（Fulk le Breant）的房子，1894年时位于伦敦泰晤士河的南岸。伏克斯豪尔这个名字的变体Vokzal在俄语中的意思是火车站。俄国沙皇尼古拉一世在游历英国时曾到过这个车站，并对这个车站有着清晰的印象。

维珍集团（Virgin Group） 据公司创始人理查德·布兰森爵士（Sir Richard Branson）说，这一名称20世纪70年代开始使用，那时他开始了他的第一个经营项目，邮售音带，以此作为他事业的开端。

沃尔沃（Volvo） 这一名称来自于拉丁语义"我转"。这一名称最初用于一种滚珠轴承，是由1927年成立的一家瑞典汽车制造商的母公司研发的。

维布洛（Wipro） 印度这一信息技术服务巨头有个很卑微的出身，是从西印度蔬菜产品有限公司（Western India Vegetable Products）的名字来的。

WPP广告传媒（WPP） 这一世界知名广告代理机构和公关公司的名字来自于电线和塑料制品公司（Wire and Plastics products），这是英国的一家上市公司，于1985年作为实体被收购，广告传媒公司在此基础上发展而来。

施乐（Xerox） 切斯特·卡尔森（Chester Carson）发明了一种革命性的干法复印流程，发展了当时的湿法复印。施乐在希腊文中是"干燥"的意思。

雅虎！（Yahoo!） 这一名称是"另一种正式层级计划体系（yet another hierarchical officious oracle）"的首字母缩略词，但是公司创始人更喜欢雅虎的另一种定义，"粗俗、简单、笨拙"，这一意义取自于乔纳森·斯威夫特的《格列佛游记》中那些野蛮讨厌的家伙。

商业大错

阿玛兰斯（Amaranth）和亨特先生

布莱恩·亨特是美国一家对冲基金公司阿玛兰斯公司的一名明星交易员。2005年他下赌天然气价格而赚到了大钱。据估计，卡特里娜飓风席卷南部各州，使得天然气价格急剧上升之后，他因此积累了超过10亿美元的利润。但是接下来的一年，天气转而跟亨特先生对着干。在他错误估计会有更多的暴风天气，并会把天然气价格推高之后，他在天然气价格期货上下了更大的赌注，结果情况变得很糟糕。他的天气预报能力让他的期望破灭，天然气价格一落千丈。阿玛兰斯的损失超过了60亿美元，之后不久，亨特先生因此离开了公司。监管机构起诉亨特及其公司蓄意操控天然气市场。

美国在线（America Online）和时代华纳（Time Warner）

美国在线和时代华纳2000年合并，这一举措受到了赞扬，被看作新老技术巧妙结合的大手笔。时代华纳有大量的电影和音乐的编目，这些资源美国在线都能够通过互联网发布而加以利用。在一桩价值1800亿美元的交易中，美国在线使用其高价股票来打造美国在线时代华纳（AOL Time Warner），但是这一满怀希望的跨媒体协作未能实现，这一网络泡沫的崩塌大大摧毁了美国在线的价值，公司股票暴跌。2002年，公司经历了有史以来最大的损失，达1,000亿美元。一年以后，时代华纳从它的名字中拿掉了"美国在线"这一前缀。

英国航空（British Airways）

1997年，在"酷不列颠"活动的鼎盛时期，英国航空决定，公司愿意与国家领导潮流的氛围唱响和谐之音，并宣布公司去除装饰在飞机尾翼上的英国国旗，每次以50万英镑的代价把这一表达爱国之情的标志替换成一系列代表世界各地主要目的地的民族图案。这一变化被新闻报纸奚落，被玛格丽特·撒切尔所斥责，事实证明很不受英国乘客的欢迎（但是航空公司说，外国旅游者很喜欢）。英国航空的一个竞争对手维珍航空则把英国国旗贴满了整个飞机，让正陷于困扰的竞争对手很不舒服。这一红、白、蓝尾翼装饰图案后来又重新启用。

C5型三轮车（The C5）

英国发明家和商人克莱夫·辛克莱爵士彻底变革了电子产品工业，并以其独具开创性但并不昂贵的工具，包括手表、计算器和微型计算机累计了大量的财富。他的创新本领在个人交通领域却没给他争气。C5型车是一种电池提供能源的三轮车，1985年投入市场，却证明完全是一个灾难。这种三轮车是在真空吸尘器厂里制造的，看上去有类似级别的车辆性能。三轮车外表可笑，车子的安全舒适性能好像是几乎未加以考虑，因此销量很小（虽然相比而言比较便宜）。C5型车成为事业失败的代名词。克莱夫爵士是那种从不会被镇住的人，2003年，他表示C6型三轮车正在研制当中。目前为止，C6还没能上路。

汽车制造商进行了一次不明智的飞行

底特律汽车制造三巨头的老板们2008年年底跑到华盛顿特区，请求即将离任的乔治·布什政府提供一笔可观的救援基金，好让他们资金短缺的公司起死回生。为了让这次贫困申诉之旅成行，通用汽车、克莱斯勒和福特的老总们分别乘坐了公司专机，引起公众哗然，迫使这三位从不往来的总裁乘坐公司生产的环保型汽车去参加之后的会面。但这些都于事无补。2009年6月通用和克莱斯勒双双被迫寻求破产保护。

达萨尼水（Dasani）

可口可乐公司（Coca-Cola）的瓶装水品牌达萨尼水在上市之前，于2003年在英国进行了一场昂贵的市场推广。在法国和德国的进一步推广上市遇到了障碍，新闻报道称，"纯净"水出自于西德卡普（Sidcup）的一个水管，这是伦敦东南部外围地区一个不入流的郊区。更糟糕的是，在一次污染恐慌之后，整个英国高达5万瓶水的供应不得不被撤下货架。尽管经过了复杂的净化过程，水中的溴酸盐含量仍然很高，这种化学物质有致癌危险。虽然达萨尼水在欧洲遇到了麻烦，在美国仍然是最受欢迎的瓶装水。

迪卡唱片（Decca Records）以及另外一次音乐的错误判断

迪卡唱片公司的迪克·罗1962年拒绝了与甲壳虫乐队（Beatles）签约的机会，他说："拿着吉他的乐队很快会出局。"但是第二年他改正错误签下了滚石乐队（Rolling Stone）。田纳西州孟菲斯市一家小型录音公司的所有人萨姆·菲利普斯于1955年把他与埃尔维斯·普雷斯利的独家签约以35,000美元的价格卖给了美国广播唱片公司，他因此失掉了高达超过十亿张唱片销量的版税。

福特·艾兹尔（Ford Edsel）

1957年9月福特·艾兹尔轿车投入市场。之前进行了一场规模盛大花费巨大的推销活动。广告宣传戏谑地说了数月"艾兹尔正款款走来"，驾车者无不热切地盼望着福特公司神秘新车的问世，可是广告始终没有展示新车的样子。广告宣传使得人们的期望值不断提升，那些未来的购车者在汽车销售的最初几天蜂拥进展厅，结果却大失所望。他们看到的是一辆十分普通的轿车，款式大胆但无任何吸引力。而且，与其他那些相当的型号相比，这款汽车外加的小装置无法对福特的高昂要价给以有力的解释。这个底特律巨头希望艾兹尔轿车年销售量为20万辆，但是1958年对于汽车销售来说总体是惨淡的一年。公司第一年仅售出了64,000辆。低劣的质量监控也没起什么好作用。福特在构建1960款的过程中终止了艾兹尔的生产，这款汽车帮助人们记住了"每天都会出点纰漏"。公司损失了2亿5000万美元（相当于今天的20亿美元），但是损失有时不会像想的那么严重。福特有了赢利，在艾兹尔生产的时间里一直都有红利分发。

胖指综合征

胖指综合征深深地折磨着那些在金融市场工作的人们。2005年，因不幸的交易员错误输入信息而导致的这一问题打击了瑞穗证券（Mizuho Securities）。一位笨手职员错误地输入一个叫卓想（J-Com）的公司销售股票610,000股，价格一日元，而不是一股价格610,000日元。这家日本金融集团最终成功购回许多股，据估算，这一错误总共耗费公司400多亿日元。2002年，德国重要的股票指数DAX指数达到5,180时，在伦敦的一位欧洲期货交易所（Eurex）交易员想要卖掉一份期货合同。不幸的是，他卖掉了5,180份合同，市场因此暴跌。交易所后来取消了这一不当交易。同一年，美国投资银行贝尔斯登（Bear Stearns）的一名交易员输入了一个40亿美元的卖盘量，而不是400万美元。之后的道琼斯指数下跌100

点，他因此受到指责。2001年，瑞银华宝（UBS Warburg）的一位交易员因试图以每股600,000日元的价格卖掉日本电通（Dentsu）的16股股票，因此在几秒钟的时间里，让瑞士投资银行损失了7100万英镑。他把日本这一广告业巨头的600,000股股票以每股16日元的价格卖掉了，银行最终取消了大部分交易。2001年，一位交易员本来只是希望卖掉各大蓝筹股股公司价值300万美元的股票，却输入了太多的零。雷曼兄弟（Lehman Brothers）因此被处以20,000英镑的罚款。他卖掉的股票价值达3亿美元，使得市场自由下落，FTSE100指数跌掉120点和300亿英镑。2003年，一交易员以一次性13英镑的价格购买了葛兰素史克公司（GlaxoSmithKline）的500,000股股票，而不幸的是当时的价格大约是70便士。2005年，一位经纪人以2.80英镑的价格成功卖掉了音乐出版商百代唱片（EMI）的15,000股股票，然而，他把这笔订单写成了1,500万股股票，交易价为4,150万英镑。

胡佛（Hoover）

这家消费电子产品公司提出一项计划，意在出售英国剩余的真空吸尘器和洗衣机。1992年，公司主动提出，如果顾客花费100英镑购买胡佛品牌的任何产品，公司会给予回欧洲的两张免费回程机票，胡佛原本打算用限制性规则和额外销售来支付推广费用。尽管旅行代理人未能应对来势凶猛的回应，胡佛还是把推广扩展到了去美国的航班。"两张返程机票：简直难以相信"这一广告标语布满了广告牌。怎么可能。不满的顾客如潮水般冲击着胡佛，国会就此提出质疑，施压团成立。顾客开始把胡佛告上法庭。这些案件持续了六年。有大约220,000人最终争得一飞，胡佛因此付出了4,800万英镑的代价和名誉的损失。

亨特兄弟的白银闹剧

邦克·亨特因其家族在得克萨斯的石油生意成为世界上最富有的人，但是他还想更富有。20世纪70年代早期，他和弟弟赫伯特买入20万盎司的白银之后，白银价格翻了一番，一盎司3美元，他们赚了些钱。在70年代之后的日子里，他们又买入了5,900万盎司，大约是世界供给量的1/3，一下把白银价格推到了50美元一盎司，赚得账面利润达40亿美元。

但是高价导致了废料回收银的供给加大，采矿投资提高。1980年银价在几天之内跌了80%。亨特兄弟宣布破产，并因合伙密谋操控市场于1988年被判罪。

路易斯安那领土

1803年，美国从法国手中购买了路易斯安那这块领土，从密西西比河一直到洛基山脉，面积超过200万平方公里。购买的价格是6,000万法郎，约合1,500万美元。拿破仑和西班牙用托斯卡纳进行交换（西班牙从来都没得到这块土地），法国因此得到了路易斯安那。

曼哈顿岛

1626年，德拉瓦印第安人以价值60荷兰盾或者说24美元的商品这样的价格，把曼哈顿岛卖给了荷兰定居点新尼德兰殖民地总督彼得·米纽伊特。普遍认为这些商品是小装饰物件和珠子，但是这也许是后来对故事的添加。米纽伊特还参与了斯塔顿岛的收购，回报就是一些壶、布、贝壳串珠和工具。这些印第安首领至少比其他数千位首领做得要好，他们出让土地却分文不得，这些后来都成为美国的领土。

新可乐

早在20世纪80年代，可口可乐总裁决定，与百事品牌不断增长的受欢迎程度相抗衡的方法就是为他们的软饮料研制新配方。新可乐1985年首次进行试验，公司因此断言这一新配方可乐将成为赢家。公众可不这么认为。这种新型饮料刚一投入市场就收到了数以千计的投诉。起初所有这些投诉都被认为是"无关紧要"而不予理睬。3个月之后，有50万老可乐用户愤怒投诉，老可乐被重新命名为"可乐经典"又重新上架。阴谋论者争辩说，这是一个诡计，目的就是要重新点燃对可乐的兴趣。公司声明，这么做并不是明智之举。

巴黎水（Perrier）

1990年美国监管部门说，多瓶巴黎水被极微量的苯所污染，苯是一种致癌化学物。这种有气矿泉水的法国生产商宣称，这只是一次偶然事故，是由美国装瓶厂错误使用清洁液导致的，在美国和加拿大的7,000万只瓶子已召回。然而，荷兰和丹麦政府也发现巴黎水中的微量化学物，由此导致矿泉水在全世界范围内召回。之后，矿泉水公司宣称苯天然出现在二氧化碳中，后来又把责任归咎于雇员没有在法国源头更换过滤器。丑闻之后，巴黎水在世界范围内的销量下降了近一半，1992年，瑞士跨国集团雀巢公司收购了这个在挣扎之中的公司。

宝莹强力（Persil Power）

联合利华在英国推出洗衣粉品牌"宝莹强力"，这种洗衣粉含有锰"加速剂"，可以在低温下去除污垢。这一盎格鲁—荷兰公司的最大竞争对手宝洁公司（Procter & Gamble）进行了研究调查，研究显示，这一新型洗衣粉不会清洁你喜爱的衣物，而会让你的衣物腐烂掉。口水战在新闻报道和广告中接踵而来，但最终联合利华被迫叫停宝莹强力。

拉特纳（Ratners）

1991年杰拉尔德·拉特纳在公司董事学会的发言中解释说，为什么他能在繁华商业大街的珠宝连锁店中非常便宜地卖掉他的产品。他说，和玛莎百货里的鲜虾三明治相比，他卖一对耳坠要更便宜，只有不到一英镑，但是很有可能不会带很长时间。他紧接着爆料说一个玻璃水瓶很便宜，因为那完全就是"垃圾"。媒体对这些言论的报道使得公司股票价值损失5亿英镑。1992年拉特纳辞职。作为世界第一大珠宝公司，为挽救公司，于1993年改名为西格妮特。拉特纳先生在网上建立了珠宝店，继续其珠宝经营事业。

南非金子（South African gold）

金矿勘探者索斯·哈瑞尔森来自德兰士瓦的威特沃特斯兰德。1886年，他以20美元的价格卖掉了他在南非金矿的所有权。之后100多年的时间里，在他曾拥有或附近地区的金矿中每年生产1,000多吨金子，其中70%供给了西方世界。

托普曼（Topman）

托普曼品牌总监戴维·谢泼德在接受一家贸易杂志的采访中说，英国服装公司的目标客户是"流氓恶棍之类的"。他继续说："我们的客户中很少有人必须穿套装去上班……他们这样或者好似第一面试,或者是第一次上法庭。"托普曼的零售巨头阿卡迪亚说,这番评论是有上下文的。

便宜的威尼斯

四星级东威尼斯皇冠假日酒店房间价格每晚在150美元和250美元之间,而其网站推出住两晚仅用0.01欧元的活动。这一错误被发现前,预订量已超过了5,000。对于那些及时登录进入酒店网站的人来说,幸运的是,这一洲际集团的组成部分,皇冠酒店同意接受这些订单。据报道,这一决定耗资150,000美元。

施 乐

1977年,这家办公设备公司向其高层管理人展示了一台电子打字机,这台打字机可以在屏幕上显示书信来往,进行一键储存,在办公人员间发送,并且可以打印出来。这一项目的研发花费了10年,但是管理层对于这一设备在经济上会不会有前景并不确信。就在同一时间,苹果电脑仿效了大部分技术,研发出了个人电脑。35年前,国际商用机器公司、柯达和通用电气都曾回避过研发在纸张上快速复制的新技术。

杨致远和雅虎!

杨致远在商业头脑这方面的声名是因为1994年在他还是斯坦福大学的一个研究生时,就成为雅虎!的共同创始人。这一网络门户变成了一个世界上最大的互联网公司,但是他不断遭遇挑战。2007年,当公司正挣扎着寻找机会反击谷歌时,杨先生掌管了公司的权利。谷歌当时已取代雅虎!成为世界上最受欢迎的互联网登录方法。微软拥有一个与雅虎!相似的门户,其搜索引擎甚至更落后于雅虎!。2008年3月,微软以每股33美元的价格主动提出接管雅虎!这样,算下来共计价值近470亿美元,对于投资者来说,这是一笔非常可观的费用。 杨先生说"不,谢谢",他的公司自己发展可以做得更好。 微软从这笔交易走开时,雅虎!的股票价值只有不到10美元。杨先生2008年11月卸任首席执行官一职。2009年7月,微软和雅虎!最终宣布联合,结束了无人接手的局面。

圣 经

亚当放弃了向伊甸园要苹果的权利。而以扫为了一份浓汤食物卖掉了他天生具有的长子身份,尽管他父亲资产的数量并不为人所知。

董事会风格

董事会的风格各不相同。

- **橡皮章董事会** 一点都不关心董事会的任务也不关注董事之间的人际关系。董事会议只是走形式,决议记录在案,但是事实上根本没有召开什么会议。这种董事会的例子可以从"邮箱"公司和私人公司中找到。邮箱公司是在海外避税地区注册的,而在私人公司中,个人占主导并进行决策,或者关键人物互相频繁见面,决策在管理层范围内进行。
- **乡村俱乐部董事会** 便形成鲜明对比。只要不靠边站,这种董事会非常关注人际关系和各项议题。一些老牌公司和家族掌控的公司的董事会就属于这一种。会议总是使用同一模式。尊重传统,不鼓励创新。
- **代表董事会** 更加强调董事会的任务而不是董事关系。经常有董事代表不同利益方,行事风格更像国会,包含有各种不同利益。问题很容易被政治化。董事讨论可能是对抗性的,权利的基础和平衡很重要。
- **专业董事会** 对于董事会任务和董事之间的人际关系都显示了应有的关心。一个拥有成功专业风格的董事会应当有合理健全的领导方式。成员间会有强势的讨论,但会融入相互理解、互相尊重。

资料来源:《董事:A-Z指南》,R.I.(鲍勃)特里克尔,《经济学人》/人物简介丛书。

董事角色扮相

- **聪明之人** 一位董事把自己所累积的知识和经验拿来对董事会所面临的问题施加影响通常会受到董事同行的尊重。当然积累的智慧在急速变化的环境中有其局限性。
- **专业人士** 非执行董事的委任经常是因为其专业知识丰富,比如说某一特殊市场方面的知识,还有技术以及发挥作用的领域。如果他们要继续发挥作用,那么专家需要时刻跟进自己的专业领域。
- **世界之窗** 董事应该是可以提供相关信息,对市场机遇、新技术、产业发展等等方面有深入洞察。非执行董事要想演好这一角色,要想让自己的贡献一直有用武之地,他必须要跟相关领域的人士保持联系。
- **挂名首脑董事** 在大型上市公司中经常是主席,在各种场合都代表公司,比如,贸易和产业聚会,公开露面的任务。同样在应对媒体时也要担当重要的角色。
- **联络人员** 是与一些个人和组织有联系的人,这些联系对公司很有用处。退休的高级执行官、政界人士和公务员属于这一类人。
- **身份证人** 委任某人是因为他所带来的身份地位而并非他未来会作出的贡献。公司处于困境中时,如果身份证人能以他廉正诚实的形象出面,就可以帮助股东们恢复信心。

资料来源:《董事:A-Z 指南》,R.I.(鲍勃)特里克尔,《经济学人》/ 人物简介丛书。

董事在玩的游戏

尽管董事会议室行为所展现的一贯是认真严肃、精于分析、理性睿智,但也经常是极度政治的,涉及个人的争斗和弄权。董事们在玩的游戏如下。

- **建立同盟** 是在董事会议室外面玩的,以确保在董事会内部互相支持,形成滚木联盟。
- **建立联手** 涉及为一个问题在董事会议室外通过非正式游说以求得支持,在正式讨论时可有足够多的人支持。
- **任人唯亲** 就是支持一个董事的利益。尽管这一利益对于公司或者股东来说不见得是最好的。有时有报道称,任用亲信是亚洲管理方式的基础。
- **进行交易** 是一个经典游戏,通常会涉及妥协让步。在这一游戏中,两个或两个以上的董事为了在董事会决议中得到某个特定结果,在幕后达成协议。
- **分而治之** 是一个肮脏的游戏。游戏玩家瞅准机会离间一个董事与另一个董事或者使得一组董事互相反目,目的就是要达到一个完全不同的个人目标。
- **建立帝国** 是不恰当使用特权获取信息、人员或者其他资源,从而在组织管辖区域获得统治大权。这一过程经常涉及到阴谋、斗争和征服。
- **半真半假** 如果一个董事虽然不是故意撒谎,但是却会在董事会审议中仅仅片面被告知事情的某一面,于是谎言就此产生。
- **幕后动机** 关乎董事对隐秘目标的追求,好让自己帝国受益或者让自己的事业得到进一步发展,哪怕是牺牲整个组织的利益。
- **滚木呼应** 的发生是在涉及董事甲的利益问题时,为了互相支持,甲非正式同意支持董事乙的利益。
- **大肆宣传** 就是为了支持一项事业而不是为了董事层面的问题进行商榷而散播信息,也可以看到与股东、股票市场和金融机构之间关系甚密。如果宣传太出格或者有意伪造,监管机构有可能采取行动。
- **对手阵营** 也是一种可玩的游戏。在董事会中有对立派系时,敌视仇恨、秘密侦察、双面间谍就会派上用场。

- **散布危言** 强调董事决议会造成下跌危险,对某种形势提出质疑,这样,提议可以被否决。
- **雪花纷飞** 涉及到执行董事委派某个外围董事进一步搜寻信息,用大量数据来干扰形势,遮掩裂隙。
- **纺锤效应** 是一种艺术形式,他代表了一个人或者是一种状况的扭曲观点,这种观点对纺纱人是有利的。在公司管理方法上,这种形式可以在董事会、股东和媒体层面实施。
- **赞助关系** 是有实力的董事援助给另一个董事的,通常是为了共同利益。
- **部分优化** 出现在董事支持机构的一部分时,而这一行为对公司整体是有害处的。有些执行董事被蒙避住眼睛,因为他们太近距离地参与到职能部门或下属公司,他们还为短视谋略所害,因为他们个人将会受最终的结果影响。
- **粉饰窗户** 制造了完善的公司管理的优美外部图景,而遮盖了失败,就如同董事会在最美光环下呈现金融结果而隐藏弱点一样。

资料来源:《董事:A-Z 指南》,R.I.(鲍勃)特里克尔,《经济学人》/ 人物简介丛书。

世界最具价值品牌

各地区最具价值品牌（十亿美元）

美国		欧洲	
谷歌	100.0	沃达丰	53.7
微软	76.2	诺基亚	35.2
可口可乐	67.6	宝马	23.9
国际商用机器	66.6	赛普	23.6
麦当劳	66.6	特易购	22.9
苹果	63.1	路易威登	19.4
通用电气	59.8	汇丰	19.1
万宝路	49.5	保时捷	17.5
沃尔玛	41.1	桑坦德	16.0
黑莓	27.5	梅赛德斯	15.5

亚洲		英国	
中国移动	61.3	沃达丰	53.7
中国工商银行	38.1	特易购	22.9
丰田	29.9	汇丰	19.1
中国建设银行	22.8	O2	8.6
中国银行	21.2	渣打银行	8.2
任天堂	18.2	巴克莱银行	7.0
都科摩	15.8	玛莎百货	6.0
本田	14.6	英国石油	5.9
尼桑	10.2	阿斯达	5.4
佳能	8.8	斯米诺	5.2

各行业最具价值品牌（十亿美元）

服装			
亨尼斯 & 莫里斯	12.1	拉尔夫劳伦	3.0
耐克	12.0	彪马	1.9
扎拉	8.6	耐斯特	1.7
Esprit	6.6	GAP	1.3
阿迪达斯	4.9	老海军	1.0

啤酒			
百威淡啤	6.7	健力士	3.5
百威啤酒	6.6	米勒淡啤	2.5
喜力	5.1	狮威	2.2
时代	4.5	阿姆斯特尔	2.0
科罗娜	4.3	克罗能堡 1664	2.0

续表

汽车
丰田	30.0	尼桑	10.2
宝马	23.9	福特	5.9
保时捷	17.5	大众	5.8
梅赛德斯	15.4	雷克萨斯	4.6
本田	14.6	雪佛龙	4.3

咖啡
雀巢	5.6	雅各布斯	1.0
奈斯派索	2.5	星巴克	0.8
福爵	1.3	名仕	0.7
麦斯维尔	1.3	黑卡	0.6

金融机构
中国工商银行	38.1	美国运通	15.0
中国建设银行	22.8	加拿大皇家银行	14.9
中国银行	21.2	花旗	14.6
汇丰	19.1	西班牙对外银行	12.5
维萨	16.4	多伦多道明	11.0
富国	16.2	摩根大通	10.6
桑坦德	16.0	渣打	8.2
美国银行	15.5		

游戏机
任天堂DS	9.7	任天堂掌上游戏机	0.2
任天堂Wii	8.3	索尼PSP	0.1
微软Xbox360	4.6	索尼游戏站2	0.1
索尼游戏站3	0.3	任天堂游戏平台	0.1
微软Xbox	0.3		

奢侈品
路易威登	19.4	轩尼诗	5.4
爱马仕	7.9	卡地亚	4.9
古驰	7.5	酷悦	4.8
香奈儿	6.2	芬迪	3.5
劳力士	5.5	普拉达	2.7

移动通讯
中国移动	61.3	奥林奇	13.2
沃达丰	53.7	移动之星	10.9
美国电话电报	20.1	T—移动	10.9

续表

威瑞森	17.7	俄罗斯移动	9.2
都科摩	15.8	直路通讯	8.9
技术			
谷歌	100.00	思科	18.0
微软	76.2	戴尔	15.4
国际商用机器	66.6	埃森哲	15.1
苹果	63.1	西门子	13.6
诺基亚	35.2	佳能	8.8
黑莓	27.5	雅虎!	7.9
惠普	26.7	三星	6.3
赛普	23.6	索尼	6.2
英特尔	22.9	百度	5.8
甲骨文	21.4	索尼爱立信	4.8

资料来源:Millward Brown Opimor。

荣登世界赞誉之首公司

2009	产业	国家	分数（满分10分）
苹果电脑	电脑	美国	7.07
伯克希尔哈撒韦	保险：财产和人身意外伤害	美国	7.78
丰田汽车	汽车	日本	6.25
谷歌	互联网服务与零售	美国	7.72
强生	制药	美国	7.31
宝洁	肥皂和化妆品	美国	7.69
联邦快递	邮递	美国	7.56
西南航空	航空	美国	6.89
通用电气	电子产品	美国	7.44
微软	电脑软件	美国	6.37
沃尔玛	百货商店	美国	7.29
卡口可乐	饮料	美国	6.84
迪士尼	娱乐	美国	8.53
富国	美加银行	美国	6.38
高盛	证券	美国	7.75
麦当劳	食品服务	美国	7.72
国际商用机器	信息技术服务	美国	7.55
3M	医学和其他精密仪器	美国	6.96
塔吉特	百货商店	美国	6.90
摩根大通	美加银行	美国	6.53
百事可乐	消费食品产品	美国	7.47
好事多	专营零售商	美国	6.92
耐克	服装	美国	8.02
诺德斯特龙	百货零售	美国	6.49
埃克森美孚	石油加工	美国	7.79
美国银行	美加银行	美国	6.69
联合包裹服务（优比速）	邮递	美国	7.39
宝马	汽车	德国	6.50
美国运通	消费信用卡	美国	6.79
惠普	电脑	美国	7.04

资料来源：《财富》。

荣登英国赞誉之首公司

2008	产业	分数（满分90分）
帝亚吉欧	餐饮、酒吧和酿酒	71.88
庄信万丰	化学药品	70.50
联合利华	食品生产和加工	70.30
英国天空广播	传媒	69.70
特易购	零售（食品和人事）	68.93
驿马	运输	68.49
劳斯莱斯	工程（空间和防御）	67.75
曼氏集团	专营和其他金融活动	66.80
固温	建筑材料和贸易	67.03
3i	专营和其他金融活动	66.80
英国天然气集团	石油和天然气提取物	66.30
信佳集团	支持服务	66.20
伯克利集团	房屋建筑	66.20
洲际酒店	休闲与酒店	65.00
西格尼蒂克斯	建筑材料和贸易	64.60
WPP广告传媒	传媒	63.80
加德集团	支持服务	63.70
吉百利史威士 *	食品生产和加工	63.60
葛兰素史克	医疗与家居	63.50
惠特布雷德	休闲与酒店	63.40
塔洛石油	石油和天然气	63.40
汤森路透	传媒	63.30
马歇尔	建筑材料和贸易	63.00
沃达丰	电信	63.00
英荷壳牌	石油和天然气提取物	63.00
英国石油	石油和天然气提取物	62.90
桑斯博里	零售（食品和人事）	62.50
拜耳（英国和爱尔兰）	化学药品	62.70
玛莎百货	零售（食品和人事）	62.50
英国南非米勒	餐饮、酒吧和酿酒	62.40

* 合并，收购或名称更改。

资料来源：《今日管理》（Management Today）。

公司自我言说

安豪泽·布施 我们的构想愿景：我们一切产品、服务和关系会给生活增添乐趣。

嘉士伯 使命：嘉士伯是活力无限、享誉国际的啤酒和饮料品牌供应商，它会让人们走到一起，让生活更加畅快。

可口可乐 我们的使命：

- 清新思想，放松身体，飞扬精神，让我们清爽全世界；
- 用我们的品牌和行动激发乐观时刻；
- 创造价值，追求卓越，我们的努力无处不在。

帝亚吉欧 我们的品牌会以各种方式让消费者铭记重大时刻，燃情不惊小事。

爱立信 在沟通无处不在的世界里，我们希望是一流的助推器。

福特 我们的愿景：成为世界汽车产品和服务的领跑者。

我们的使命：我们是一个大家庭，跨越五湖四海，融汇不同民族，拥有荣耀遗产，激情奔放，竭尽全力，呈现卓越产品和服务。

我们的价值：为人民、环境和社会服务，但更重要的是为客户多行善举。

吉列 吉列公司的愿景是不断创新，从而比我们的竞争对手更快、更好、更全面地传递消费价值和客户领导理念，建立彻底的品牌价值。

高盛 文化足以帮助我们吸引和留住最好的雇员和客户。全心为顾客着想、努力为团队工作，忠实守信，专业优异，执着恪守行业精神。这一点早在1869年就由马库斯·高盛开始履行。

谷歌 谷歌的使命是管理世界信息，使之全球尽享，使用方便。

我们的原则：绝不会因优秀而停滞不前。

谷歌相信十件事：

1. 集中精力为用户，其他皆会水到渠成。
2. 最棒的是做一件事，并使之尽善尽美。
3. 快总比慢好。
4. 网络作品民主化。

5. 寻求答案无需只在办公桌前。
6. 不做恶,同样会赚钱。
7. 网上信息取之不尽。
8. 信息需求穿越边界。
9. 无需正装,仍可尽显严肃。
10. 只有伟大还不够。

亨氏 我们的构想很简单,就是"成为世界一流食品公司,向世界各地人民奉献营养、优质、美味食品"。

霍尼韦尔 无论你在飞机上飞行,在驾驶汽车,在调节家里冷热温度,在进行家装,在服药还是在享受体育乐趣,霍尼韦尔产品在几乎每个人的生活里。 我们在建设一个更加安全稳定的世界…更加舒适,更高效能… 更有创新,更加富裕。

强生 我们相信我们的首要责任是关注医生、护士和病人,关注母亲和父亲以及其他所有使用我们产品和服务的人。

拉卡戴尔 有志之地,我们在铺路。

李维斯·特劳斯公司 我们的价值观是成功的根本,是公司的基石,它界定了我们的身份,把我们与对手区别开来,它支撑着我们对未来的构想,我们的商业策略和决定,我们的行为与举止。我们因之而生。这些价值观一直都在。里维斯·劳斯特的四大核心价值:懂得分享,独具创新,诚实守信,英勇无畏……

几代人身着我们的产品,并把它看作为是在逆境、挑战和社会变革中的自由象征和自我表达。

他们艰苦开拓,建立了新的疆土,这就是美国西部。他们在战争中为自由而战。他们发起了反文化革命。他们推倒了柏林墙。虔诚的、不虔诚的,他们都坚持立场……

人们喜爱我们的服装,信赖我们的公司。我们会销售最有魅力、穿着更广泛的服装品牌……

我们的产品定义了什么是质量、风格和功能……

我们要为整个世界提供服装。

微软 在微软,我们努力帮助世界各地的人们和企业实现理想。这是我们的使命。我们的所作所为皆反映这一使命以及让这一使命最终得以完成的价值观。

诺基亚 联系就是帮助人们,让人们感觉与一切近在咫尺。无论何时,无论何地,诺基亚坚信沟通、分享,坚信巨大潜能存在于联系有沟通的20亿人和没有沟通的40亿人之间。

辉瑞 我们的使命：对患者、客户、同事、投资者、商业伙伴和我们所工作和生活的社区来说，我们都会是世界上最具价值的公司。

菲利浦·莫里斯国际 我们的目标是成为消费产品尤其是针对成人产品的开发商、生产商和推销商，最有责任，富有效率，受人尊敬。

宝洁 我们会提供一流质量和价值的品牌产品和服务，提高全世界消费者的生活质量。由此，消费者会回馈给我们顶尖的销售业绩、利润和价值创造，从而使我们的人民、股东和我们生活工作的社会更加繁荣发达。

英国皇家邮政 通过邮件、包裹和特快服务以及邮局分支网络，我们让人信赖的品牌可以帮助我们在每一个工作日享受最好的服务。今天我们创造了新业务，迎接我们客户不断变化的需求和竞争的要求。我们的目标就是成为世界邮政服务的领军人。

乐购 我们的核心目的就是为客户创造价值，以赢得他们对我们的永远忠诚。

我们的成功依赖于大众，那些和我们一起购物、与我们一起工作的人们。我们的客户喜爱我们的产品，他们会回来，再次与我们一起购物。乐购团队发现我们获得了回报，就会更加努力帮助客户。

我们的两大核心价值：
- 为客户服务，从不为过；
- 对待客户如同对待我们自己。

星巴克 使命：一人，一杯，一邻里，每次以此激发人类灵感，滋养人类精神。

联合利华 使命：为生活注入活力。我们用品牌满足人们每日所需的营养、卫生和个人关爱，让人们感觉好，精神佳，收获多多。

维珍 我们坚信与众不同。在我们的客户眼里，维珍代表物有所值，质量优良，创新思维，尽享快乐和勇于挑战。

资料来源：公司网站。

效率网站之最

公司	总数 2009	网址（www.）
罗氏（瑞士）	210	roche.com
诺基亚（芬兰）	209	nokia.com
英国石油（英国）	209	bp.com
西门子（德国）	202	Siemens.com
斯伦贝谢（美国）	198	schlumberger.com
联合利华（荷兰/英国）	197	unilever.com
埃尼（意大利）	197	eni.it
通用电气（美国）	195	ge.com
国际商用机器（美国）	195	ibm.com
英荷壳牌（英国/荷兰）	195	shell.com
诺华（瑞士）	194	novartis.com
雀巢（瑞士）	194	nestle.com
沃尔玛（美国）	194	walmartstores.com
英特尔（美国）	194	intel.com
思科（美国）	193	cisco.com
葛兰素史克（英国）	192	gsk.com
力拓（澳大利亚/英国）	192	riotinto.com
谷歌（美国）	191	google.com
微软（美国）	190	microsoft.com
意大利联合信贷银行（意大利）	189	unicredit.eu
鲁尔燃气公司（德国）	189	eon.com
道达尔（法国）	187	total.com
可口可乐（美国）	187	thecocacolacompany.com
沃达丰（英国）	187	vodafone.com
惠普（美国）	187	hp.com
雪佛龙（美国）	186	chevron.com
赛诺菲－安万特（法国）	184	sanofiaventis.com
安赛乐米塔尔（卢森堡/印度）	184	arcelormittal.com
汇丰（英国）	183	hsbc.com
必和必拓（澳大利亚）	182	bhpbilliton.com
强生（美国）	181	jnj.com
国家石油（挪威）	180	statoilhydro.com
菲利普莫里斯国际（美国）	174	philiporrisinternational.com
花旗集团（美国）	171	citigroup.com
大众（德国）	171	volkswagenag.com
埃克森美孚（美国）	168	exxonmobil.com
苹果（美国）	166	apple.com
康菲石油（美国）	163	conocophillips.com

续表

公司	指数	网址
辉瑞（美国）	163	pfizer.com
安联（德国）	162	allianz.com
丰田汽车（日本）	159	toyata.com.jp
宝洁（美国）	159	pg.com
威瑞森通信（美国）	158	verizon.com
摩根大通（美国）	154	jpmorganchase.com
三星（韩国）	153	samsung.com
都科摩（日本）	152	nttdocomo.com
国家银行（西班牙）	152	santander.com
淡水河谷（巴西）	151	vale.com
美国银行（美国）	151	bankofamerica.com
西班牙电信（西班牙）	150	telefonica.com
巴黎银行（法国）	149	bnpparibas.com
巴西石油（巴西）	149	petrobras.com
百事公司（美国）	148	pepsico.com
联合圣保罗银行（意大利）	146	intesasanpaolo.com
法国电力集团（法国）	144	edf.com
中国工商银行（中国）	143	icbc.com.cn
美国电话电报（美国）	142	att.com
美国国际集团（美国）	137	aig.com
日本电报电话（日本）	136	ntt.co.jp
俄罗斯联邦储蓄银行（俄罗斯）	134	sbrf.ru
中国建设银行（中国）	132	ccb.com
信实工业（印度）	129	ril.com
三菱日联金融（日本）	128	mufg.jp
任天堂（日本）	128	nintendo.com
俄罗斯石油（俄罗斯）	127	rosneft.com
卢克石油（俄罗斯）	127	lukoil.com
沙特基础工业（沙特阿拉伯）	126	sabic.com.sa
中国石油（中国）	121	petrochina.com.cn

注释：这一指数是基于网站在以下几个方面的得分：建设、信息、联系、服务团体、投资商、媒体、求职者和客户。

资料来源：《金融时报》（FT）/鲍文—克拉格的公司网站效能指数。

商业友善状况

商业环境指数
2004—2008,满分10分

新加坡	8.87	巴林	7.09	土耳其	5.80
中国香港	8.59	韩国	7.04	俄罗斯	5.73
芬兰	8.53	斯洛文尼亚	6.96	阿根廷	5.62
加拿大	8.52	塞浦路斯	6.93	埃及	5.46
瑞士	8.52	波兰	6.92	印度尼西亚	5.46
丹麦	8.51	葡萄牙	6.85	印度	5.42
美国	8.36	斯洛伐克	6.83	斯里兰卡	5.39
荷兰	8.33	墨西哥	6.78	突尼斯	5.36
爱尔兰	8.28	匈牙利	6.73	塞尔维亚	5.30
瑞典	8.21	泰国	6.62	多米尼加共和国	5.20
澳大利亚	8.20	立陶宛	6.53	哈萨克斯坦	5.06
新西兰	8.19	巴西	6.47	厄瓜多尔	5.03
英国	8.17	意大利	6.47	摩洛哥	5.00
挪威	8.06	哥斯达黎加	6.44	委内瑞拉	4.99
德国	8.04	拉脱维亚	6.44	越南	4.92
比利时	7.99	科威特	6.36	巴基斯坦	4.81
奥地利	7.95	南非	6.34	孟加拉国	4.74
智利	7.83	希腊	6.26	阿塞拜疆	4.60
法国	7.81	秘鲁	6.10	乌克兰	4.59
中国台湾	7.65	保加利亚	6.06	阿尔及利亚	4.52
爱沙尼亚	7.50	罗马尼亚	6.03	利比亚	4.41
西班牙	7.43	萨尔瓦多	6.01	尼日利亚	4.41
以色列	7.36	菲律宾	5.98	古巴	4.28
捷克共和国	7.29	沙特阿拉伯	5.95	肯尼亚	4.23
马来西亚	7.28	哥伦比亚	5.95	伊朗	3.77
阿拉伯联合酋长国	7.20	克罗地亚	5.93	安哥拉	3.65
卡塔尔	7.17	约旦	5.84	平均	6.47
日本	7.15	中国	5.83	中间值	6.45

注释:这一指数基于商业操作机会和障碍,将商业环境中的国家划分等级,环境类别包括宏观经济和政治环境、外商投资和贸易政策、税收制度、金融、劳动力市场和基础设施。

资料来源:经济学人智库(Economist Intelligent Unit)。

海外吸引力

避税区

安道尔	多米尼加	巴拿马
安圭拉岛	直布罗陀	圣基茨岛和尼维斯岛
安提瓜岛和巴布达岛	格林纳达	圣卢西亚岛
阿鲁巴岛	利比里亚	圣文森特和格林纳丁斯
巴哈马群岛	列支敦士登	萨摩亚群岛
巴林	马绍尔群岛	圣马力诺
伯利兹	摩纳哥	特克斯和凯科斯群岛
百慕大群岛	蒙特塞拉特	瓦努阿图
英属维京群岛	瑙鲁	
开曼群岛	荷属安的列斯群岛	
库克群岛	纽埃岛	

注释:据经济合作与发展组织(OECD),一个避税地区有三条标准——没有或只有名义税收;缺少有效的信息交流;透明度不充分。

其他金融中心

承诺达到国际公认税收标准,但没有实质履行的国家:

奥地利	智利	新加坡
比利时	危地马拉	瑞士
文莱	卢森堡	

没有承诺达到国际公认税收标准的国家:

哥斯达黎加	马来西亚	菲律宾
	(纳闽岛)	乌拉圭

资料来源:经济合作与发展组织,2009年4月2日。

竞争力知多少？

增长竞争指数，2008

美国	5.74	爱沙尼亚	4.67
瑞士	5.61	捷克共和国	4.62
丹麦	5.58	泰国	4.60
瑞典	5.53	科威特	4.58
新加坡	5.53	突尼斯	4.58
芬兰	5.50	巴林	4.57
德国	5.46	阿曼	4.55
荷兰	5.41	文莱达鲁萨兰国	4.54
日本	5.38	塞浦路斯	4.53
加拿大	5.37	波多黎各	4.51
中国香港	5.33	斯洛文尼亚	4.50
英国	5.30	葡萄牙	4.47
韩国	5.28	立陶宛	4.45
奥地利	5.23	南非	4.41
挪威	5.22	斯洛伐克	4.40
法国	5.22	巴巴多斯	4.40
中国台湾	5.22	约旦	4.37
澳大利亚	5.20	意大利	4.35
比利时	5.14	印度	4.33
冰岛	5.05	俄罗斯	4.31
马来西亚	5.04	马耳他	4.31
爱尔兰	4.99	波兰	4.28
以色列	4.97	拉脱维亚	4.26
新西兰	4.93	印度尼西亚	4.25
卢森堡	4.85	博茨瓦纳	4.25
卡塔尔	4.83	毛里求斯	4.25
沙特阿拉伯	4.72	巴拿马	4.24
智利	4.72	哥斯达黎加	4.23
西班牙	4.72	墨西哥	4.23
中国大陆	4.70	克罗地亚	4.22
阿拉伯联合酋长国	4.68	匈牙利	4.22

注释：此表分数是基于宏观经济环境、社会公共机构和技术准备度的水平，分数越高，表明越具有竞争力。

资料来源：世界经济论坛（World Economic Forum）。

资金来之易否？

企业家获取资本便利程度，最高值=10，2008年

加拿大	7.90	阿曼	5.97
中国香港	7.82	立陶宛	5.87
瑞士	7.76	捷克共和国	5.86
英国	7.70	匈牙利	5.79
新加坡	7.64	沙特阿拉伯	5.76
美国	7.56	巴拿马	5.56
荷兰	7.28	黎巴嫩	5.54
挪威	7.27	斯洛伐克	5.53
澳大利亚	7.26	希腊	5.52
芬兰	7.21	约旦	5.51
瑞典	7.13	波兰	5.51
韩国	7.06	墨西哥	5.46
丹麦	7.03	中国	5.45
马来西亚	7.03	斯洛文尼亚	5.34
爱沙尼亚	6.96	印度	5.33
日本	6.96	保加利亚	4.97
法国	6.95	克罗地亚	4.97
爱尔兰	6.95	土耳其	4.95
新西兰	6.92	巴西	4.92
阿拉伯联合酋长国	6.92	拉脱维亚	4.90
以色列	6.81	突尼斯	4.90
比利时	6.76	白俄罗斯	4.85
德国	6.67	埃及	4.85
中国台湾	6.63	秘鲁	4.84
奥地利	6.49	哥伦比亚	4.82
葡萄牙	6.40	俄罗斯	4.80
西班牙	6.33	乌拉圭	4.63
南非	6.21	哥斯达黎加	4.61
智利	6.19	罗马尼亚	4.60
意大利	6.11	萨尔瓦多	4.55
科威特	6.10	菲律宾	4.55
泰国	6.09	马其顿	4.53

注释：本表基于50多种标准量，如银行系统的强度和金融市场的多样性。
资料来源：梅肯研究院（Milken Institute）。

商业循环

从1991年3月到2001年3月，美国十年内的扩张是在国家经济研究局（National Bureau of Economic Research）数据所涵盖的150年里最长的一段。

美国商业循环日期，以月计算

峰顶	峰谷	峰顶到峰谷	峰谷到峰顶	峰谷到峰谷	峰顶到峰顶
2月-45	10月-45	8	80	88	93
11月-48	10月-49	11	37	48	45
7月-53	5月-54	10	45	55	56
8月-57	4月-58	8	39	47	49
4月-60	2月-61	10	24	34	32
12月-69	11月-70	11	106	117	116
11月-73	3月-75	16	36	52	47
1月-80	7月-80	6	58	64	74
7月-81	11月-82	16	12	28	18
7月-90	3月-91	8	92	100	108
3月-01	11月-01	8	120	128	128
12月-07				73	

资料来源：国家经济研究局。

- 位于纽约的经济循环研究局（Economic Cycle Research Institute）分析了20个国家1948年以来的数据；比如，英国从1952年8月的峰谷升至1974年9月的峰顶，11个月之后短期跌落至峰谷，之后1979年6月升至峰顶，1981年5月跌至峰谷，经过很长一段时间的扩张升至峰顶，之后在1992年3月短暂跌落至峰谷。
- 日本从1954年12月到1973年11月经历了一段很长时间的扩张，短暂回缩之后又经历了一段长时间的增长，止于1992年4月。经过几轮短时循环，在2008年2月达至峰顶。

商业开端和失败

美国	开端（单位：千）	倒闭（单位：千）
1995	752	650
1996	788	671
1997	789	697
1998	805	703
1999	813	737
2000	828	760
2001	810	817
2002	816	751
2003	778	730
2004	828	731
2005	868	737
2006	871	762
2007	844	805
2008 1月-9月	591	...

资料来源：美国劳工统计局。

英国	增值税注册（单位：千）	增值税取消注册（单位：千）
1995	161.4	159.3
1996	165.1	146.4
1997	181.5	140.9
1998	180.7	139.8
1999	175.6	143.1
2000	177.8	147.7
2001	169.2	147.5
2002	176.2	154.0
2003	191.5	153.5
2004	184.0	149.7
2005	182.4	142.8
2006	182.1	144.3
2007	205.7	147.8

注释：2008年开始，增值税门槛是67,000英镑的收益；英国4,700万家企业中的200万家是增值税注册企业。

资料来源：国家统计数字，小型商业服务局（Small Business Service）。

收受贿赂与贪污腐败

参与收受贿赂可能性之最,2008
0= 最有可能,10= 最不可能

	指数	调查对象数量
俄罗斯	5.9	114
中国	6.5	634
墨西哥	6.6	123
印度	6.8	257
巴西	7.4	225
意大利	7.4	421
中国台湾	7.5	287
韩国	7.5	231
南非	7.5	177
中国香港	7.6	288
西班牙	7.9	355
美国	8.1	718
新加坡	8.1	243
法国	8.1	462
澳大利亚	8.5	240
日本	8.6	316
英国	8.6	506
德国	8.6	513
瑞士	8.7	256
荷兰	8.7	255
加拿大	8.8	264
比利时	8.8	252

注释:本表调查是基于 26 个发达国家和发展中国家 2,742 位公司高层业务主管的回答。这些公司的选择是基于进口量和国外直接投资的流入量。调查对象被问及与他们有业务往来的外国公司参与收受贿赂的可能性。

资料来源:透明国际(Transparency International)。

腐败之最,2008
0= 最腐败

索马里	1.0	安哥拉	1.9
伊拉克	1.3	冈比亚	1.9
缅甸	1.3	老挝	2.0
海地	1.4	厄瓜多尔	2.0
阿富汗	1.5	巴布亚新几内亚	2.0

续表

几内亚	1.6	塔吉克斯坦	2.0
乍得	1.6	中非共和国	2.0
苏丹	1.6	科特迪瓦	2.0
刚果（金）	1.7	白俄罗斯	2.0
赤道几内亚	1.7	叙利亚	2.1
乌兹别克斯坦	1.8	孟加拉国	2.1
土库曼斯坦	1.8	俄罗斯	2.1
津巴布韦	1.8	肯尼亚	2.1
柬埔寨	1.8	哈萨克斯坦	2.2
吉尔吉斯斯坦	1.8	东帝汶	2.2
阿塞拜疆	1.9	也门	2.3
布隆迪	1.9	喀麦隆	2.3
刚果（布）	1.9	伊朗	2.3
塞拉利昂	1.9	菲律宾	2.3
委内瑞拉	1.9	巴拉圭	2.4
几内亚比绍	1.9	利比亚	2.4

廉洁之最，2008
10= 最不腐败

丹麦	9.3	圣卢西亚岛	7.1
新西兰	9.3	巴巴多斯	7.0
瑞典	9.3	法国	6.9
新加坡	9.2	智利	6.9
芬兰	9.0	乌拉圭	6.9
瑞士	9.0	斯洛文尼亚	6.7
冰岛	8.9	爱沙尼亚	6.6
荷兰	8.9	西班牙	6.5
澳大利亚	8.7	卡塔尔	6.5
加拿大	8.7	圣文森特和格林纳丁斯	6.5
卢森堡	8.3	塞浦路斯	6.4
奥地利	8.1	葡萄牙	6.1
中国香港	8.1	以色列	6.0
德国	7.9	多米尼加	6.0
挪威	7.9	阿拉伯联合酋长国	5.9
爱尔兰	7.7	博茨瓦纳	5.8
英国	7.7	波多黎各	5.8
美国	7.3	马耳他	5.8
日本	7.3	中国台湾	5.7
比利时	7.3	韩国	5.6

注释：国家排名基于在政府官员中存在的能让商界人士、学者和风险分析人员所感知的腐败程度。

资料来源：透明国际。

营业比率

这些比率普遍在公司财务分析中使用。

营运资金

营运资金比率 = 流动资产 / 流动负债，在此，流动资产 = 货币存量 + 债务人 + 手头与银行中的现金 + 证券投资，等等。流动负债 = 债权人 + 银行透支额 + 税收 + 债息，等等。这一比率根据交易种类和情况而各有不同；通常情况比率在 1 到 3 之间，高于 2 被认为是安全的。

流动资产比率 = 流动（"快速"）资产 / 流动负债，在此，流动资产 = 债务人 + 银行与手头的现金 + 证券投资（也就是说，可以在大约一个月的时间之内实现的资产，这一点不是对所有投资都适用）；流动负债是指那些需要在同样短的时段内清偿的数额，这一项不一定包括有延长时限可能性的银行透支额。流动资产比率有时被称为"酸性实验"；比率低于 1 可能意味着困境，而比率太高可能意味着资产没有被有效利用。

营运资金周转率 = 销售额 / 营运资金平均值。这一比率根据交易种类而各有不同；通常来说，比率低意味着资源使用不足，而比率过高意味着过度贸易。营运资金平均值或货币存量平均值是通过初期与末期营运资金或货币存量除以二得出的。

货币存量周转率 = 销售额 / 货币存量平均值，或者（如果知道销售成本）销售成本 / 货币存量平均值。当两个数值在同一定价基础上时，销售收入的成本这一数值优先使用。这一比率可以被表示为每年次数的数量或货币周转一次所用的时间（52/ 次数的数量）= 周数。货币存量周转率低是货币存量很难运转的标志，通常指示为不利状况。

债务人周转率 = 销售额 / 债务人平均值。这一比率指示收账效率。通常情况下，平均信用期为一个月，但是根据经济中信用紧缩情况而有所不同。

债权人周转率 = 购买量 / 债权人平均值。支付时段平均值最好和债务人周转率持平。

销售额

出口率 = 出口量占销售额的百分比。

每位雇员销售额 = 销售额 / 雇员数量平均值。

资产

资产比率可以根据使用的资产衡量手段而有所不同：

总资产 = 流动资产 + 固定资产 + 其他资产，而固定资产 = 房地产 + 工厂和机器 + 机动车，等等，其他资产 = 长期投资 + 声誉，等等。

净资产（"净值"）= 总资产 – 总负债 = 股份资本 + 黄金储备金。

净资产周转率 = 销售额 / 净资产平均值。和营运资本周转率一样，低比率意味着资源使用不足。

每位雇员资产 = 资产 / 雇员数量平均值。这一数值指示的是为雇员而做的投资数量。

利润

利润率 =（利润 / 销售额）× 100 = 利润占销售额的百分比；通常指的是税前利润。

收益率 =（利润 / 总资产）× 100 = 利润占总资产的百分比。

资产收益率 =（利润 / 净资产）× 100 = 利润占净资产的百分比（"净值"或"所用资本"）。

每位雇员利润 = 利润 / 雇员数量平均值。

每股收益 = 税后利润 – 少数股东权益 / 发行中的股票数量平均值。

创业活动

劳动力百分比

	2000	2001	2002	2003	2004	2005	2006	2007	2008
美国	16.6	11.6	10.5	11.9	11.3	12.4	10.0	9.6	10.8
英国	6.9	7.8	5.4	6.4	6.3	6.2	5.8	5.5	6.0
法国	5.6	7.4	3.2	1.6	6.0	5.4	4.4	3.2	2.8
德国	7.5	8.0	5.2	5.2	4.5	5.4	4.2	…	4.0

注释:劳动力%或者是积极参与新企业的创建,或者是一个企业中工龄少于42个月的所有者或管理者。
资料来源:全球创业观察(Global Entrepreneurship Monitor)。

商业成本

2007	美国=100
德国	116.8
日本	114.3
意大利	107.9
荷兰	107.3
英国	107.1
法国	103.6
澳大利亚	100.2
美国	100.0
加拿大	99.4
墨西哥	79.5

注释:基于制造业、研发、软件和公司服务方面的17种产业;劳动力、设施、交通、公用事业设备、税收和收入为标准的27项成本要素。
资料来源:竞争选择,毕马威(KPMG)。

办公用房成本
年度房租、税收和运行消费总额

2009年3月	美元(每年每平米)
东京(市中心)	1,976
莫斯科	1,832
中国香港	1,619

续表

伦敦（西区）	1,858
迪拜	1,319
孟买	1,411
巴黎	1,237
新加坡	891
纽约（市中心）	739
法兰克福	735
圣保罗	622
布宜诺斯艾利斯	583
北京	532
悉尼	456
墨西哥城	423
曼谷	240

资料来源：世邦魏理仕（CB Richard Ellis）。

劳动力变化

工人数量（百万）

	加拿大	法国	德国	意大利	日本	英国	美国
1970	8.7	21.6	35.4	21.1	53.3	25.6	87.3
1980	12.1	24.0	35.4	22.2	56.4	27.4	114.2
1990	14.7	24.8	39.3	24.0	63.9	29.5	132.6
2000	16.2	26.3	40.5	23.8	67.7	29.7	149.3
2009	19.0	28.1	41.9	25.2	65	31.7	161.8

失业趋势（劳动力%）

	加拿大	法国	德国	意大利	日本	英国	美国
1985	10.7	10.2	…	10.3	2.6	11.3	7.2
1986	9.6	10.1	…	11.2	2.8	11.2	7.0
1987	8.8	10.6	…	12.0	2.9	10.8	6.2
1988	7.8	10.1	…	12.1	2.5	8.8	5.5
1989	7.5	9.5	…	12.1	2.2	7.2	5.3
1990	8.1	9.2	…	11.4	2.1	6.8	5.6
1991	10.3	9.0	6.6	11.0	2.1	8.4	6.8
1992	11.2	10.0	7.9	11.6	2.2	9.7	7.5
1993	11.4	11.1	9.5	10.0	2.5	10.3	6.9
1994	10.4	12.3	10.3	11.0	2.9	9.6	6.1
1995	9.4	11.6	10.1	11.4	3.2	8.6	5.6
1996	9.6	12.1	8.8	11.5	3.4	8.2	5.4
1997	9.1	12.3	9.8	11.6	3.4	7.1	4.9
1998	8.3	11.8	9.7	11.7	4.1	6.1	4.5
1999	7.6	11.7	8.8	11.4	4.7	6.0	4.2
2000	6.8	10.0	7.9	10.5	4.7	5.5	4.0
2001	7.2	8.8	7.9	9.5	5.0	4.8	4.8
2002	7.7	8.9	8.7	9.0	5.4	5.1	5.8
2003	7.6	8.5	10.0	8.7	5.3	4.8	6.0
2004	7.2	8.8	11.0	8.0	4.7	4.6	5.5
2005	6.8	8.5	11.1	7.7	4.4	5.0	5.1
2006	6.3	8.8	10.3	6.8	4.1	5.4	4.6
2007	6.0	8.0	8.6	6.1	3.9	5.3	4.6

资料来源：国际劳工组织（International Labour Organization）。

性别划分

	男性（百万）	女性（百万）	男性（%）	女性（%）
加拿大				
1980	7.30	4.80	60.3	39.7
2009	10.01	8.99	52.7	47.3
变化百分比			-12.7	19.2
法国				
1980	14.38	9.59	60.0	40.0
2009	15.00	13.14	53.3	46.7
变化百分比			-11.1	16.7
德国				
1980	21.81	13.60	61.6	38.4
2009	22.82	19.11	54.4	45.6
变化百分比			-11.6	18.7
意大利				
1980	14.78	7.44	66.5	33.5
2009	14.70	10.53	58.3	41.7
变化百分比			-12.4	24.7
日本				
1980	34.58	21.86	61.3	38.7
2009	37.78	27.18	58.2	41.8
变化百分比			-5.1	8.0
英国				
1980	16.58	10.80	60.6	39.4
2009	17.07	14.59	53.9	46.1
变化百分比			-11.0	16.8
美国				
1980	66.94	47.21	58.6	41.4
2009	87.26	74.58	53.9	46.1
变化百分比			-8.1	11.4

资料来源：国际劳工组织。

因工人罢工和业主停工而损失的时间

人工作日（百万）

	加拿大	法国 *	德国	意大利	日本	英国	美国
1971	2.87	4.39	…	14.80	6.03	13.55	47.59
1972	7.75	3.76	…	19.50	5.15	23.91	27.07
1973	5.78	3.91	…	23.42	4.60	7.20	27.95
1974	9.22	3.38	…	19.47	9.66	14.75	31.81
1975	10.91	3.87	…	27.19	8.02	6.01	17.56
1976	11.61	4.05	…	25.38	3.25	3.28	23.96
1977	3.31	2.43	…	16.57	1.52	10.14	21.26
1978	7.39	2.08	…	10.18	1.36	9.41	23.77
1979	7.83	3.17	…	27.53	0.93	29.47	20.41
1980	8.98	1.52	…	16.46	1.00	11.96	20.84
1981	8.88	1.44	…	10.53	0.55	4.27	16.91
1982	5.80	2.25	…	18.56	0.54	5.31	9.06
1983	4.44	1.32	…	14.00	0.51	3.75	17.46
1984	3.88	1.32	…	8.70	0.35	27.14	8.50
1985	3.13	0.73	…	3.83	0.26	6.40	7.08
1986	7.15	0.57	…	5.64	0.25	1.92	11.86
1987	3.81	0.51	…	4.61	0.26	3.55	4.47
1988	4.90	1.09	…	3.32	0.17	3.70	4.38
1989	3.70	0.80	…	4.44	0.22	4.13	16.53
1990	5.08	0.53	…	5.18	0.14	1.90	5.93
1991	2.52	0.50	…	2.99	0.10	0.76	4.58
1992	2.11	0.36	…	2.74	0.23	0.53	3.99
1993	1.52	0.51	0.59	3.41	0.12	0.65	3.98
1994	1.61	0.50	0.23	3.37	0.09	0.28	5.02
1995	1.58	0.78	0.25	0.91	0.08	0.42	5.77
1996	3.35	0.44	0.10	1.93	0.04	1.30	4.89
1997	3.61	0.39	0.05	1.16	0.11	0.23	4.50
1998	2.44	0.35	0.02	0.58	0.10	0.28	5.12
1999	2.45	0.57	0.08	0.91	0.09	0.24	2.00
2000	1.66	0.81	0.01	0.88	0.04	0.50	20.42
2001	2.20	0.69	0.03	1.03	0.03	0.53	1.15
2002	3.03	…	0.31	4.86	0.01	1.32	0.66
2003	1.74	…	0.16	1.96	0.01	0.50	4.08
2004	3.22	…	0.05	0.70	0.00	0.90	1.02

							续表
2005	4.15	...	0.02	0.91	0.00	0.22	1.35
2006	0.81	...	0.43	0.55	0.00	0.75	2.69
2007	1.81	...	0.29	0.90	...	1.04	1.26

* 数据不包括农业和公共政府部门。此数据系列在2002年中断。

资料来源：国际劳工组织。

劳工联合会实力

最新一年

	联合会成员（百万）	占劳动力（百分比）
澳大利亚	1.8	20
比利时	2.7	58
加拿大	42.0	29
中国	150.3	90
哥伦比亚	1.1	29
丹麦	2.1	87
芬兰	2.2	100
法国	6.0	31
德国	8.3	26
中国香港	0.7	21
冰岛	0.1	92
印度	5.4	26
爱尔兰	0.5	44
日本	10.1	19
马来西亚	0.8	10
马耳他	0.1	61
荷兰	1.9	27
新西兰	0.4	21
挪威	1.5	72
巴基斯坦	0.3	16
菲律宾	3.9	27
新加坡	0.4	24
斯洛伐克	0.7	39
南非	3.3	58
韩国	1.6	10
斯里兰卡	0.3	4
瑞典	3.5	85
瑞士	0.8	26
中国台湾	3.0	36
土耳其	2.9	58
英国	6.8	29
美国	15.7	12

资料来源：国际劳工组织。

工作时长变化

每位雇员年度工作小时数平均值

	1950	2000	2005	2007
澳大利亚	1,838	1,855	1,732	1,722
奥地利	1,976	1,632	1,656	1,652
比利时	2,283	1,545	1,565	1,566
加拿大	1,967	1,766	1,738	1,736
丹麦	2.283	1,554	1,564	1,574*
芬兰	2,035	1,750	1,718	1,698
法国	1,926	1,592	1,550	1,561
德国	2,316	1,468	1,435	1,433
爱尔兰	2,250	1,696	1,654	1,630
意大利	1,997	1,855	1,819	1,824
日本	2,166	1,821	1,775	1,785
荷兰	2,208	1,368	1,375	1,392
挪威	2,101	1,380	1,420	1,411
西班牙	2,200	1,815	1,672	1,652
瑞典	1,951	1,625	1,607	1,562
英国	1,958	1,708	1,676	1,670
美国	1,867	1,841	1,795	1,794
捷克共和国	…	…	2,002	1,985
希腊	…	…	2,053	…
匈牙利	…	…	1,994	1,986
冰岛	…	…	1,794	1,807
卢森堡	…	…	1,570	1,542
墨西哥	…	…	1,909	1,871
新西兰	…	…	1,810	1,771
波兰	…	…	1,994	1,976
葡萄牙	…	…	1,752	1,728
斯洛伐克	…	…	1,741	1,749*
韩国	…	…	2,354	2,305*
瑞士	…	…	1,669	1,657*
土耳其	…	…	1,918	1,918*

*2006

资料来源：经济合作与发展组织。

最大商业雇主

2008

	(千)
沃尔玛商场(美国)	2,100
中石油(中国)	1,618
国家电网(中国)	1,537
美国邮政服务(美国)	765
中国石化(中国)	640
中国电信(中国)	498
家乐福(法国)	495
鸿海精密工业(中国台湾)	486
俄罗斯天然气工业(俄罗斯)	456
德国邮政(德国)	452
中国农业银行(中国)	442
联合包裹服务(美国)	426
西门子(德国)	421
日立(日本)	400
麦当劳(美国)	400
国际商用机器(美国)	398
康帕斯集团(英国)	388
中国工商银行(中国)	386
中国航空工业公司(中国)	383
大众(德国)	370
乐购(英国)	364
索迪斯(法国)	355
塔吉特(美国)	351
汇丰控股(英国)	331
克罗格(美国)	326
花旗集团(美国)	325
西尔斯控股(美国)	324
通用电气(美国)	323
惠普(美国)	321
丰田汽车(日本)	321

资料来源:《财富》,公司报告。

首席执行官薪水

美国

2008	公司	薪水总额（百万美元）
劳伦斯·埃利森	甲骨文	557
雷·艾拉尼	西方石油	233
约翰·赫斯	海斯	155
迈克尔·沃特福德	阿尔塔石油	117
马克·帕帕	依欧格资源	90
威廉·伯克利	WR 伯克利	87*
马修·罗斯	伯灵顿圣太菲	69
保罗·埃文森	阿勒格尼能源	67
休·格兰特	孟山都	65
罗伯特·莱恩	迪尔公司	61
基斯·赫顿	克洛斯提柏能源	55†
马克·赫德	惠普	52
约翰·哈默格林	麦克森	51

*2007
† 新任首席执行官；可能是另一位执行总裁职务的酬金。
资料来源：《福布斯》(Forbes)。

欧洲 *

2008	公司	薪水总额（百万欧元）
丹尼尔·瓦塞拉 †	诺华	16.0
彼得·布拉柏克-莱特玛斯	雀巢	10.8
阿鲁恩·萨伦	沃达丰	10.3
杰伦·范·德·维尔	英荷壳牌	8.2
弗朗兹·赫默	罗氏	7.2
保罗·斯卡罗尼	埃尼	6.2
迈克尔·盖根	汇丰	6.1
克里斯托弗·德·马杰瑞	道达尔	5.4
托尼·海沃德	英国石油	4.3

* 市场资本量排名前 10 位公司首席执行官。
† 其中所包括的长期奖励是与所有人的计算在同一基础上的，由此得到比其他所披露的报告更高的数目。
资料来源：合益集团（Hay Group）。

首席执行官底薪,2007/8,千欧元

	美国	欧洲	法国	德国	意大利	瑞士	英国
上四分值	1,100	1,660	1,280	1,320	…	…	1,460
中间值	930	1,280	1,150	1,150	1,930	1,840	1,310
下四分值	680	1,100	770	1,090	…	…	1,140

首席执行官现金总额(底薪和奖金),2007/08,千欧元

	美国	欧洲	法国	德国	意大利	瑞士	英国
上四分值	4,710	4,300	3,040	4,940	…	…	4,440
中间值	3,400	3,340	2,670	4,100	3,500	3,370	2,960
下四分值	2,520	2,690	1,730	3,480	…	…	2,700

首席执行官直接酬金总额(现金总额和长期奖励),2007/08,千欧元

	美国	欧洲	法国	德国	意大利	瑞士	英国
上四分值	12,790	8,280	5,550	5,690	6,430	15,730	8,260
中间值	9,660	5,610	4,250	5,150	6,190	10,820	6,260
下四分值	7,520	4,200	2,160	4,540	4,170	7,160	5,300

资料来源:Hay Group。

首席执行官各项集合,总额百分比

	美国	欧洲
薪水	10	27
奖金	31	38
长期奖励	59	35

注释:此页中所有表格基于欧洲前50位最大公司和美国前50位最大公司,这一排名是依据所披露的收入数据为基础的市场资本量来进行。

资料来源:合益集团。

首席执行官悄然谢幕

退休,疾病和多年预期变化百分比

	北美	欧洲	日本	世界
1995	7.4	1.7	…	7.1
1998	5.4	2.3	…	4.5
2000	8.2	3.2	12.3	6.4
2001	6.8	2.9	15.6	6.0
2002	5.1	4.7	5.2	5.0
2003	5.3	3.1	12.7	5.3
2004	6.4	7.2	11.5	7.7
2005	9.3	7.5	15.7	9.2
2006	6.7	5.2	11.0	6.6
2007	7.0	7.7	9.1	6.8
2008	7.1	7.1	12.9	7.2

由兼并和收购引发百分比

	北美	欧洲	日本	世界
1995	1.7	0.5	…	0.8
1998	2.8	1.9	…	1.9
2000	4.3	3.9	0.6	3.2
2001	3.9	1.6	1.2	2.4
2002	1.6	1.6	0.6	1.4
2003	1.5	1.9	0.6	1.3
2004	2.9	2.5	2.2	2.5
2005	3.3	2.6	2.0	2.6
2006	4.6	4.2	0.5	3.2
2007	3.9	3.5	0.8	2.8
2008	3.5	2.5	0.9	2.2

由董事会解聘百分比

	北美	欧洲	日本	世界
1995	1.3	1.0	…	1.1
1998	2.4	1.9	…	2.0

续表

2000	5.4	2.4	1.7	3.4
2001	2.8	3.7	0.3	2.4
2002	4.3	3.4	4.0	4.4
2003	3.3	4.9	0.6	3.2
2004	3.6	7.1	1.9	4.5
2005	3.7	4.7	2.0	3.6
2006	4.3	6.1	3.0	4.6
2007	4.5	5.7	0.8	4.2
2008	4.2	5.5	3.1	5.1

全球产业解雇百分比

	2008	1995—2008
电信服务	10.3	6.2
金融	8.8	3.4
信息技术	7.4	4.7
能源	5.6	2.7
非必需消费品	4.0	3.9
材料	3.2	2.5
常用消费品	3.2	3.5
医疗	3.1	3.0
工业	2.1	2.8
公用事业	1.9	3.5

注释：百分比数是某个国家或地区内所有首席执行官总数，是基于市场资金量为标准的世界最大2,500家上市公司。

资料来源：博斯公司（Booz & Company）。

对首席执行官的大笔开销

- 李·雷蒙德 1993 年到 2005 年任埃克森美孚主席和首席执行官,这使得他退休时的薪酬价值 4 亿美元。这位美国石油巨头在他任期内挣得了创纪录的利润,其市场资本总额从 800 亿美元升到了 3,600 亿美元。他的这一大笔薪酬包中包括职工优先认股权、100 万美元的咨询协议、使用公司飞机以及其他附带福利,还有 9,800 万的一揽子养老金,这些都是他在 40 年的供职中累积起来的。
- 家装公司家得宝在其任期 6 年的执行总裁罗伯特·纳德利 2007 年辞职时付给他 2.1 亿美元。这家公司业绩很差,但是 2000 年市场繁荣时已经就这一薪酬数目达成了协议。
- 美国药品公司辉瑞的公司业绩黯淡无光,股票价格不断下跌,但是公司还是在 2006 年夏天塞给公司老板亨利·"汉克"·麦金内尔一笔可观的薪酬。尽管在他担任首席执行官的五年间,辉瑞的股票价格下跌 40%,但他仍获得了 9,900 万美元的薪酬包(外加养老金 8,200 万美元)。
- 吉列这家消费品公司 2005 年以 570 亿的价格卖给宝洁公司时,公司首席执行官詹姆斯·基尔茨也将 1.65 亿美元收入囊中。他就兼并过程中他的角色问题而招致的批评作出回应时把自己称作"波士顿的糖罐子"(一种小雕像,里面装满了糖,让孩子去打),他争辩说,他的这笔薪酬是他挣得的。在他在任的 4 年间,吉列的股票价格涨了 50%,低迷的劲霸电池业务也开始复苏。
- 美林公司减记数额巨大,再加上未经董事会授权而就进行合并讨论使得该银行的首席执行官斯坦·奥尼尔于 2007 年 10 月离任。他走时拿到了 1.615 亿美元,第二年美国银行收购了这家银行。
- 迈克尔·奥维茨担任沃尔特迪士尼公司总裁仅仅 14 个月,离任时的薪酬报高达 1.4 亿美元。是他多年的老朋友、公司首席执行官迈克尔·艾斯纳雇用了他,并解雇了他。给他的解雇金条款慷慨大方,并一次性付清,如此数目就好像他在公司呆了 5 年之久,股东们因此提起了诉讼。但是在奥维茨先生被解雇长达 10 年之后,特拉华法院于 2005 年驳回了上诉。

- 2008年10月，弗雷德·古德温爵士（由于大肆削减成本，他被广泛称为"一丁点弗雷德"）放弃了苏格兰皇家银行首席执行官的职位，2009年2月，有爆料称，他走时，拿到了价值超过每年70万英镑（98万美元）的养老金。2007年，苏格兰皇家银行由于受美国次贷市场和接手荷兰银行的影响，遭受着巨额减记之苦，随后英国政府买下多数股权，进行救援。由于数月批评波及面太广，弗雷德爵士同意归还1/3数额，总共1,660万英镑。
- 自从花旗集团与旅行家集团合并以来，查尔斯·普林斯查克已经在花旗集团20年了。但是他领导这一美国金融服务巨头不到四年，之后于2007年11月离任，得到了4,000万美元。然而，花旗却由于受次贷危机影响，遭受巨额减记。
- 温德林·威德金，保时捷老总，最终同意于2009年7月卸任，报酬是5,000万欧元（7,100万美元）。自1992年10月以来，在威德金先生的领导之下，保时捷成为世界上盈利最大的汽车公司。他隐含的市场总资本量从3.4亿美元上升到了80亿美元。据报道，保时捷主席沃尔夫冈·保时捷曾一度考虑过更大的薪酬包，但是董事会中的工人代表拒绝了这一提议。

资料来源：公司报告，媒体报告。

美国对冲基金总裁薪水之最

2008	公司	百万美元
詹姆斯·西蒙斯	文艺复兴科技公司	2,500
约翰·保尔森	保尔森公司	2,000
约翰·阿诺德	射手座能源	1,500
乔治·索罗斯	索罗斯基金管理	1,100
雷蒙德·戴利奥	布里奇沃特投资	780
布鲁斯·科夫纳	凯克斯顿联合	640
戴维·肖	德劭集团	275
斯坦利·德鲁肯米勒	杜肯资本管理	260
戴维·哈丁	温顿资本管理	250
艾伦·霍华德	布莱文霍华德资产管理	250
约翰·泰勒（小）	外汇概念	250
詹姆斯·钱诺斯	尼克斯联合基金	225
迈克尔·普拉特	蓝冠资本管理	210
罗伊·尼德霍弗	R.G. 尼德霍弗资本管理	200
约翰·霍斯曼	霍斯曼资本管理	180
保罗·图拉德基	图拉德基资本管理	140
亨利·劳弗	文艺复兴科技公司	125
肯尼思·特罗平	格雷厄姆资本管理	120
皮埃尔·安德朗德	蓝金资本管理	90
丹尼斯·克里默	蓝金资本管理	90
克里斯托弗·罗斯	布莱文霍华德资产管理	90
克里斯琴·巴哈	超级基金	85
克里斯琴·莱韦特	克莱夫资本	85
威廉·邓恩	当恩资本管理	80
安德鲁·霍尼	保尔森公司	75

资料来源：《阿尔法》（*Alpha*），由《机构投资者》（*Institutional Investor*）出版。

国际支付比较

薪水毛量千美元，2008	劳动工人（普通）	劳动工人（技术）	专业人员（初级）	专业人员（高级）	管理层（中低级）	管理层（中高级）
澳大利亚	29.9	37.5	46.7	62.3	83.2	111.0
巴西	7.8	16.9	27.4	44.5	66.4	115.4
加拿大	37.9	46.8	57.7	71.1	87.6	108.0
中国*	5.5	9.5	16.2	27.8	47.6	81.5
丹麦	41.6	53.8	69.6	90.0	116.5	150.6
法国	25.4	34.4	46.7	63.2	85.7	116.1
德国	35.9	48.2	64.8	87.1	117.2	157.5
印度	3.9	6.4	10.4	17.1	27.9	45.7
意大利	25.2	35.3	49.4	69.1	96.8	135.5
日本	38.6	50.0	64.7	83.8	108.6	140.7
墨西哥	6.7	13.6	21.8	34.8	57.5	98.0
荷兰	33.4	43.4	56.3	69.3	92.6	123.7
波兰	10.8	17.1	27.1	42.8	67.6	106.8
罗马尼亚	7.4	11.3	17.3	26.5	40.5	62.1
韩国	22.6	29.0	37.3	48.0	61.6	79.2
西班牙	33.5	44.0	57.7	75.8	99.5	130.6
瑞典	…	40.1	46.9	55.0	66.9	92.5
瑞士	48.5	64.4	85.5	113.6	150.9	200.4
英国	29.8	40.0	53.9	72.5	97.5	131.1
美国	31.0	41.5	55.5	74.4	99.6	119.5

* 中国数据是指北京。

资料来源：美世人力资源顾问（*Mercer Human Resource Consulting*）。

顶尖法律事务所

2008

公司	总部	费用（十亿美元）	雇员总数
欧华	英国/美国	2.19	7,847
世达	美国	2.17	5,500
高伟绅	英国	2.13	7,139
年利达	英国	2.07	5,591
瑞生	美国	2.01	4,700
富而德	英国	1.88	5,250
贝克·麦坚时	美国	1.83	10,000
安理	英国	1.63	4,694
众达	美国	1.44	5,040
盛德	美国	1.39	3,960
伟凯	美国	1.37	2,330
凯易	美国	1.31	3,960
格林伯格特劳里格	美国	1.20	4,320
美亚博	美国	1.18	3,630
威嘉	美国	1.18	3,672
摩根路易斯	美国	1.03	3,795
杜威路博	美国	1.01	3,240
苏利文克伦威尔	美国	0.99	2,650
麦克德莫特—维尔—埃莫里	美国	0.98	2,450
普衡	美国	0.98	3,125
盛信	美国	0.97	1,631
维尔莫黑尔	美国	0.94	3,045
美迈斯	美国	0.93	2,430

资料来源：管理伙伴论坛（MPF）全球500强，2008年。

顶尖会计事务所

2008

公司	总部	费用（十亿美元）	雇员总数
普华永道	英国/美国	25.15	146,767
德勤	英国/美国	23.10	150,000
安永	英国/美国	21.10	124,335
毕马威	荷兰	19.80	113,000
德豪国际	比利时	4.70	31,576
均富	英国	3.46	27,453
罗申美	英国	3.00	24,893
普安西提	法国	2.84	26,000
浩华国际	美国	2.53	19,127
博太	英国	2.50	24,256
尼克夏	英国	2.20	18,213
马施云	英国	1.88	19,279
浩信国际	英国	1.73	13,400
鹏歌富达	英国	1.72	15,000
前沿联盟	美国	1.72	13,500
克瑞斯顿国际	英国	1.70	18,500
捷安国际	英国	1.32	10,100
费都寿国际	法国	1.24	15,100
贝克国际	美国	0.89	8,012
钱特雷国际	英国	0.88	7,580
执业会计师国际联盟	美国	0.84	9,000
艾格斯国际	英国	0.80	5,300
联合会计师国际会计师事务所	美国	0.80	7,404

资料来源：管理伙伴论坛（MPF）全球500强，2008年。

商界女性

女性之最

1809年,玛丽·基斯——首位获得美国专利权的女性(因为在制帽过程中加入草编艺术)

1963年 凯瑟琳·格雷厄姆——首位财富500强公司女性总裁(《华盛顿邮报》公司)

1967年,缪丽尔·"米基"·希伯特——首位在纽约证券交易所购买席位的女性

1997年,梅杰莉·斯卡迪诺——首位富时指数100公司女性总裁(培生)

1999年,卡莉·菲奥莉娜——首位道琼斯工业平均指数前30公司女性总裁(惠普)

2001年,克拉拉·弗斯——首位伦敦证券交易所女性总裁

2002年,萨拉·霍格男爵——首位富时指数100公司女性主席(3i)

2006年,凯瑟琳·杰夫斯·肖丽主教——首位英国圣公会女性领导人

2009年,海伦·亚历山大——首位执掌英国工业联合会(CBI)的女性

2009年,厄休拉·伯恩斯——首位领导财富500公司的非裔美国黑人女性,并是首位在财富500公司中进行女性总裁之间进行交接的女性。

美国商界最有权势女性

英德·努伊	百事公司首席执行官
艾琳·罗森菲尔德	卡夫食品首席执行官
帕特·沃尔兹	阿彻丹尼尔斯米德兰首席执行官
安妮·马尔卡希	施乐首席执行官
安吉拉·布雷利	维朋首席执行官
安德烈娅·琼	雅芳产品首席执行官
苏珊·阿诺德	宝洁全球商业区总裁
奥佩拉·温弗里	哈普主席
布伦达·巴恩斯	萨拉李首席执行官
厄休拉·伯恩斯	施乐总裁

资料来源:《财富》。

美国境外商界最有权势女性

辛西娅·卡罗尔	英美资源	英国	首席执行官
盖尔·凯莉	西太平洋银行	澳大利亚	首席执行官
琳达·库克	壳牌天然气及电力，壳牌贸易	荷兰	执行总裁
何晶	淡马锡控股	新加坡	执行总裁，首席执行官
玛乔丽·斯卡尔迪诺	培生	英国	首席执行官
安妮·劳弗珍	阿海珐	法国	首席执行官
安妮卡·福尔肯格伦	萨博公司	瑞典	总裁，首席执行官
玛丽娜·贝卢斯科尼	芬尼维斯特投资	意大利	主席
居勒·萨班哲	萨班哲控股	土耳其	主席，常务董事
古尔詹·莫尔达扎诺娃	基元集团	俄罗斯	首席执行官

资料来源：《财富》。

娱乐界最有权势女性

奥普拉·温弗瑞	哈普	主席
安妮·斯威尼	沃尔特迪士尼公司	传媒网络联合主席；迪士尼-ABC电视集团总裁
埃米·帕斯卡尔	索尼电影娱乐	联合主席；电影集团主席
南希·特勒姆	美国哥伦比亚广播公司派拉蒙网络电视娱乐集团	总裁
斯泰茜·斯奈德	梦工厂	联合主席；首席执行官
邦妮·哈默	美国国家广播公司环球有线娱乐和环球有线制作	总裁
朱迪·麦格拉思	音乐电视网络	主席；首席执行官
玛丽·帕伦特	米高梅全球电影集团	主席
达娜·沃尔登	二十世纪福克斯广播公司	主席
尼娜·塔斯勒	哥伦比亚广播集团	总裁

注释：最有权势女性排名是指 2008 年。
资料来源：《好莱坞报道》(Hollywood Reporter)。

广告花费

	总量,（2008年,百万美元）	占GDP百分比	每人（2008年,美元）
阿根廷	2,147	0.65	53.8
澳大利亚	10,177	1.03	483.0
奥地利	3,848	0.93	461.4
比利时	4,641	0.93	438.3
巴西	11,563	0.73	60.2
保加利亚	862	1.73	113.6
加拿大	9,420	0.63	283.2
智利	20,074	0.54	59.3
中国	3,832	0.46	15.0
哥伦比亚	3,467	1.92	85.1
捷克共和国	2,770	1.60	336.0
丹麦	646	0.81	507.2
埃及	163	0.40	7.9
爱沙尼亚	2,061	0.70	121.4
芬兰	14,946	0.76	389.0
法国	27,540	0.52	240.9
德国	3,821	0.76	334.8
希腊	3,284	1.07	343.0
中国香港	1,187	1.52	470.5
匈牙利	4,914	0.77	118.5
印度	2,873	0.39	4.2
印度尼西亚	2,725	0.56	12.6
爱尔兰	1,120	0.96	613.7
以色列	12,684	0.56	158.8
意大利	44,947	0.55	212.8
日本	704	0.92	353.1
科威特	199	0.52	241.3
拉脱维亚	776	0.59	88.1
立陶宛	1,903	1.64	233.6
马来西亚	5,428	0.86	70.5
墨西哥	26	0.50	50.0
荷兰	1,578	0.65	342.4
新西兰	4,976	1.18	373.1
挪威	137	1.11	1,043.2
巴拿马	336	1.56	98.8
秘鲁	412	0.32	14.3
菲律宾	3,861	2.29	42.7
波兰	3,218	0.61	84.5

续表

葡萄牙	1,359	0.56	127.3
波多黎各	1,841	1.60	462.6
罗马尼亚	796	0.41	37.2
俄罗斯	10,736	0.63	75.9
沙特阿拉伯/泛阿拉伯地区	1,174	0.27	46.6
新加坡	1,497	0.82	324.0
南非	4,029	1.46	81.1
韩国	8,000	0.86	166.2
西班牙	10,246	0.64	230.3
瑞典	3,493	0.73	379.2
瑞士	3,998	0.81	530.3
中国台湾	1,533	0.37	66.9
泰国	2,878	1.08	42.7
土耳其	2,645	0.36	35.8
英国	22,810	0.85	372.5
乌拉圭	146	0.48	43.7
美国	171,913	1.21	551.6
委内瑞拉	56	0.36	2.0
越南	1,113	0.36	39.6
总量	462	0.50	5.3

资料来源：实力传播（ZenithOptimedia）。

百分比	电视	报纸	杂志	广播	户外	网络	电影
2007	37.3	26.9	12.2	8.0	6.5	8.7	0.5
2008	38.0	25.1	11.6	7.7	6.7	10.5	0.5
2009	38.6	23.4	10.5	7.6	6.8	12.6	0.5
2010	39.3	22.2	9.9	7.4	6.9	13.8	0.5
2011	39.2	21.2	9.7	7.2	7.0	15.1	0.6

注释：2008是估算；2009—11是预测。
资料来源：实力传播。

部分知名广告标语

"一切新闻皆可付梓。"《纽约时报》(1896)
"滴滴香浓,意犹未尽。"麦斯维尔咖啡(1915)
"为了骆驼牌,宁走一里路。"骆驼(1921)
"问一下拥有者便知。"帕卡德(1925)
"基尼斯对你呵护备至。"基尼斯(1929)
"喀!啪!砰!"科罗米脆(1932)
"不要犹豫。问一下海格。"海格苏格兰威士忌(1934)
"想要得胜头筹,需要一顶帽子。"哈特·康斯尔(1934)
"无心之言要人命。"英国信息部(1940)
"思想。"国际商用机器(1941)
"钻石恒久远。"戴比尔斯(1948)
"每次只用一点点。"百利(1949)
"吮指香,乐不穷。"肯德基(1952)
"牛奶巧克力,只溶于口,不溶于手。"玛氏巧克力豆(1954)
"有白速得清洁牙齿,会让你惊讶黄渍从此无影无踪。"白速得牙膏(1956)
"吃个鸡蛋再上班。"英国禽蛋市场营销委员会(1957)
"每天喝杯鲜牛奶。"国家牛奶宣传委员(1958)
"一支在手,永不孤单。"皇家烟草(1959)
"幸福就是哈姆雷特雪茄。"哈姆雷特(1960)
"想想还是小的好。"大众(1962)
"我们加倍努力。"艾维斯(1962)
"嘘…你—知道—是—谁。"史威士(1962)
"把猛虎放入油箱。"埃索(1964)
"让我们以指代步。"黄页(1964)
"每天一颗玛尔斯,有助工作和学习,让我们尽情享受。"玛氏糖果(1965)
"买豆子,找亨氏。"亨氏(1967)
"因为我值得拥有。"欧莱雅(1967)
"货真价实。"可口可乐(1971)
"以花传情。"花之洋(1971)
"算账计较就是我的生活,直到我发现了思美洛。"思美洛(1971)
"也许这是世上最好的啤酒。"嘉士伯(1973)

"百事,用嘴亲,解口渴,品竞技,激活力,畅气氛,酷交谈,劲步行,快生活,常给予,享飞沫。"百事可乐(1973)
"开拓清新世界,喜力先人一步。"喜力(1974)
"想吃土豆泥,请用思麦琪。"思麦琪速食土豆泥(1974)
"外出不能没有它。(没有它,不离家。)"美国运通(1975)
"终极座驾。"宝马(1975)
"伸出手,触到他。(张开臂膀,拥抱世界。)"美国电话电报(1979)
"有了伴儿,真高兴。"雷明顿剃须刀(1979)
"巴黎水。"皮埃尔(1980)
"虽然贵,但贵得让人放心。"斯特拉阿图瓦(1981)
"一夜之间到达彼地,绝对无误,千真万确。"联邦快递(1982)
"世界最爱航线。"英国航空(1983)
"突破科技,启迪未来。"奥迪(1984)
"澳大利亚人不会把卡斯尔曼四 X 啤酒拿来换任何东西。"(1986)
"尽管去做。"耐克(1988)
"随心所欲。"维萨卡(1988)
"英特尔在内心(给电脑一颗奔腾的"芯")。"英特尔(1990)
"说话真美。"英国电信(1994)
"未来很灿烂,未来是金黄。"橙色(1996)
"绝对完美。"绝对伏特加(1998)
"不同凡响。"苹果麦金托什(1998)
"先知天机。"美国有线电视新闻网(2002)
"将一万首歌装进口袋。"苹果播放器(2004)
"活在你的世界,玩在我们的世界。"索尼游戏机(2004)
"买卖其中,享乐无穷。"易贝(2005)
"那你到底在哪儿?"澳大利亚旅游委员会(2006)

昔日商业巨头

卡内基，安德鲁（1835—1919）

安德鲁·卡内基是从邓弗姆林走出来的最富有的人。他离开苏格兰，来到了宾夕法尼亚州的匹斯堡。机械织布机的引入让他的父亲丢掉了织布工的饭碗，他和家人一起开始寻找工作机会。卡内基的第一份工作是在一家纺织厂做线轴工，后来还干过店员、送信员。1853年，他成为了宾夕法尼亚铁路西部分公司负责人汤姆·斯科特的助手，并开始以个人名义投资钢铁生产和其他业务，取得了巨大的收益。1859年他升任负责人一职，1865年他从铁路部门辞职开始专心从事商业，尤其是钢铁行业。内战刺激了对钢铁的需求，木制桥梁由铁桥代替了，最重要的是，铁路在不断扩建。卡内基把贝西默炼钢法引入美国，这就意味着钢可以以更快的速度和更低的成本进行生产，结果便是，到1900年时，卡内基钢铁公司的钢产量占美国钢产量的1/4，盈利4,000万美元。卡内基认为，巨大财富只有很好的得到利用才具有价值，对于这一主题，他写了几部专著，其中包括《财富的福音》。书中，他论证了任何超出自己家庭生存所需要的财富都应该被用于广大社会的公益事业。时至1901年他把公司以4.8亿美元卖给摩根大通时，他已经按照自己的行为信条使用了大量资本。作为自学成才但颇有修养的人，他真正相信公共图书馆的影响力。他用了5,000万美元建了2,500座图书馆。到他去世时止，他已经捐出了3.5亿美元。

迪士尼，沃尔特·伊利斯（1901—1966）

沃尔特·迪士尼是一个很爱动情的人。他对于美国各事件的观点有些不太灵活变通，这使得他的工作临近了危险的边缘。这位米老鼠的发明者和配音还创造了诸如"空中制胜"这样快乐的军事宣传标语。1947年，他在内务委员会面前谈及反美活动时，把他提及的那些雇员称作共产主义渗透者："我确实认为他们应该因为自己的身份而被查处，这样才能真正显示出美国所代表的自由主义，而没有任何共产主义污点。"1942—1943年之间，迪士尼工作室95%的产品是与美国政府签约生产的。迪士尼尤其以他对税收的贡献而自豪，因为新精神解释了公开所得税缴纳税款的重要性。

迪士尼出生于芝加哥，16岁时，辍学去了法国，为红十字会开救护车，之后在流行感冒泛滥地区幸免于难，于1919年回到了家乡。沃尔特开始画卡通画，并建立了一个小公司，名叫欢笑动画公司，后来他移居到了好莱坞。在那儿，他先把幸运兔奥斯华搬上了银幕，之后米老鼠诞生了，而且还是以同期声出现。沃尔特·迪士尼最先意识到声音对于卡通片和之后的自然影片的生命力来说至关重要。他还首创了彩色胶片技术，从而使他的《花与树》赢得了1932年的奥斯卡大奖。这些成功最终又促成了与故事片长度相当的卡通片《白雪公主和七个小矮人》在1937年的上映。盈利成百万地滚滚而来，迪士尼着手建设耗资300万美元的办公区，如今大家耳熟能详的迪士尼卡通片从这儿源源不断地创作出来。战后，他又恢复到大量创作的状态，但是纪录影片的创作仍在继续，比如那些关于美国宇航局的片子都是在前纳粹V2火箭的发明者沃纳·范·布朗的帮助下制作完成的。1955年迪士尼乐园在加利福尼亚州的阿纳海姆向公众开放，其他的主题乐园紧接着在世界各地建立起来。可能这些使得一个想法在迪士尼的脑中成型，他把这一想法称作艾波科特中心（明日实验性原型社区）。但是他没能等到看到这一成果的那一天就去世了。

福特，亨利（1863—1947）

亨利·福特因T型汽车的发明和移动装配线而尽人皆知，但很少有人知道，他还是《锡安长老会纪要》这一臭名远扬的反闪族文章的出版商（发表在他的报纸《迪尔伯恩独立报》）。福特出生在一个来自于科克郡的爱尔兰移民家庭，他后来离开家庭农场，到了底特律，在那里干机械师。1882年，他回到了农场，但是由于他在蒸气发动机方面的技术，不久他就在当地一家公司干起了维修工程师。1891年，他加入爱迪生照片公司，但是他发现他有充足的业余时间进行发明创造，在此期间，他发明、建造并驾驶了他的四轮车，这辆车促成了亨利·福特公司的创立。然而，车子被他的投资者们接管，并把它改成了凯迪拉克，于是1903年，亨利·福特创建了福特发动机公司，6年之后发布了T型汽车。1918年，美国汽车总量的一半是福特T型汽车。福特对自己公司员工实行家长式的管理方法，但是对服从公司管理的工人却给予慷慨的待遇，同时压制工会活动。

吉布斯，安东尼（1790—1875）

"吉布斯先生让他的蒂布斯卖掉了外国的海鸟屎。"安东尼·吉布斯的一个儿子威廉用卖海鸟屎得来的钱建造了数座教堂，还有布里斯托附近的泰因特斯菲尔德大宅子。海鸟屎富含硝酸盐和磷酸盐，19世纪中期是作为肥料非常郑重地从南美洲海岸收获来的。1842年，威廉和他的兄弟乔治与秘鲁政府签了他们的第一份合同，1858年进口了30万吨海鸟屎到英国。威廉有能力以70万英镑的代价建造泰因特斯菲尔德豪宅了，这仅仅是一年交易量的盈利。（2002年，房子以2500万英镑的价格被国民托管组织所收购）。他还出资在其他地方建造了教堂，其中包括牛津基布尔学院教堂。

克劳克，雷（1902—1984）

是雷·克劳克劝说迪克和麦克·麦克唐纳在全美国扩建和建造了他们的餐馆，并雇佣他去监理这个项目。15岁时，雷·克劳克在自己年龄上撒了个谎，启程去了欧洲，在那儿做一名红十字会救护车驾驶司机。战争结束的消息让他得救了，之后，他设法离开转而开始从事各种销售工作。他首先在销售搅拌机给餐馆时遇到了麦克唐纳兄弟。兄弟俩一下买了8台搅拌机，这让克劳克有了建造像他们那样配置相同的餐馆的想法。克劳克为他们的质量、服务和卫生标准而感到自豪。他认为不应该有预订，不应该有等候，还要价格低廉。然后，他的核心原则却不容置疑，用他自己的话说就是："推销的定义是让顾客以你的方式拥有商品的温柔艺术。"他从1955年麦当劳公司创立之时就是公司的董事长，一直到他去世。他一直在不断地开发新思路，从德国的酒馆到主题公园一应俱全。他的遗孀琼于2004年去世时，给救世军留下了8亿美元的遗产。

克虏伯，艾尔弗雷德（1812—1887）

艾尔弗雷德·克虏伯是一位杰出的商业家和工程师，他从欧洲的工业化和战争盈利颇丰。艾尔弗雷德出生在埃森一个钢铁工人的家庭。他父亲病倒后，他便开始在家里的打铁作坊干活儿。1826年父亲去世后，他便和妈妈一起掌管起了这一家庭公司。艾尔弗雷德开始为批量生产钢材的可能性搭桥铺路。公司成为铁路建设的核心组成部分，生产了无缝车轮还有其他铁路部件。然而，艾尔弗雷德越来越觉得公司的生存应该依赖武器装备。1847年他生产了第一支钢枪。1848年,他成为公司首脑,于是急切地开始收购矿山、码头和煤场,以确保公司所需要的原材料。到他去世时,克虏伯家族已拥有20,200名雇员,规章制度也建立了起来,那就是公司只允许传给一位继承人。在之后的日子里,克虏伯家族公司将生产出大炮,在第一次世界大战中用以轰炸巴黎("大块头伯莎")。与阿道夫·希特勒勾结最终导致克虏伯王朝灭亡的克虏伯家族成员实际上是古斯塔夫·范·波伦·翁哈巴克,他与艾尔弗雷德的祖母伯莎结婚时将自己的名字改成了克虏伯。

利华,威廉·赫斯基思(1851—1925)

威廉·赫斯基思·利华出生在英格兰北部的博尔顿,他是一个富有开创性的肥皂生产商。他把自己的财富应用到了各种公益事业。1886年,他与詹姆斯·利华共同成为利华兄弟公司的创建伙伴。他们发现蔬菜油可以取代动物油脂用于肥皂生产。这一发现让我们拥有了阳光牌肥皂,之后便是阳光港,这是利华为自己的工人在利物浦附近建造的示范村。1918年,他买下苏格兰的哈里斯岛和刘易斯岛之后也建造了同样的规划项目,耗费巨资试图建设一个领薪雇佣社区,摆脱贫困。利华因他的艺术收藏而为人所知。这些收藏有双重目的,不仅仅是他热爱艺术和工艺品,更是因为他看到某些种类的绘画作品有可能用于提高肥皂的销量。这些作品常常是快乐但不富有的人们身着质朴服装的展示。艺术家们发现他们的创作有如此用途,可并不总是很高兴。然而,1913年他妻子去世之后,利华依据妻子的记忆描述建了一个美术馆,把绘画和其他收藏品都保存在那里。利华在商业上的杰出成就和服务社会的热情可以用一系列的头衔证明。他是威拉尔的下院议员,被授予男爵封号。1917年荣升为贵族博尔顿利弗休姆勋爵,五年之后,成为不列颠岛的利弗休姆子爵。今天,他留下的财富都捐给了研究和教育事业。

摩根,约翰·皮尔波因特(1837—1913)

约翰·皮尔波因特·摩根通过提供负债融资和掌控美国重要产业来获取财富。1900年,他成为美国最富有的人。他不止一次拯救了美国的金融行业,1907年,他因帮助内战债务再次融资,并因在金融危机中拯救了华尔街而名声显要。摩根出生于一个银行世家，他年轻时从哥廷根大学毕业之后，四处游历。他在邓肯·谢尔曼银行做了一段时间会计之后，开始在一家金融公司做会计，跟着父亲在纽约的合伙人乔治·皮博迪干。父亲朱利亚斯·斯宾塞，后来接管了皮博迪的业务，把公司重新更名为 J·S·摩根，1864 年，约翰·皮尔波因特加入进来。1895 年，他接手银行业务，把它变为 J·P·摩根。他开始把铁路体制化，购买他重组过的铁路各公司的股票。1900 年，他控制了 5,000 英里的铁路权，占铁路总里数的 1/6。之后紧接着是收购和加强美国钢铁生产。1901 年，他从安德鲁·卡内基手中以 4.8 亿美元的价格收购了卡内基钢铁公司，把他合并到他自己的联邦钢铁公司中，最终，美国钢铁公司成为世界上第一个注资超过 10 亿美元的公司。同时，他还创建了国际收割机公司，这一公司主要进行农用设备交易，并创建了国际商船海运公司（建造了泰坦尼克号的白星航运公司的所有者）。正是基于这一原因，反垄断竞选人才会攻击他，因为他几乎是完全掌控着几大产业。尽管他建造了数座教堂，并于 1907 年通过干预拯救了华尔街（这次援救最终促成了美国联邦储备银行系统的创建），但摩根的名声仍然是在强盗式资本家和美国经济的建设者这两者之间来回游移。

盛田昭夫（1921—1999）

这个曾构想出随身听想法的人出生于名古屋一个从事清酒和酱油生意的家庭里。盛田昭夫没有在家族企业中工作，也没有理会父亲让他学习经济学的建议，他选择了在东京大学研究电子学。在他之后的导弹设计工作中，他结识了井深大，1946 年，他们一同创建了东京电信和工程产业公司。井深是公司电气工程方面大部分成就的源泉，但是盛田贡献商业灵感来支撑那些最伟大的成就。他想粉碎日本是廉价劣质商品源头的形象，开始向海外销售公司的产品。1958 年，他重新把公司品牌更名为索尼（是拉丁语"声音"和"可爱的男孩"的组合）。1961 年，索尼是第一个在纽约股票交易所上市的国外公司。盛田 1994 年从索尼退休卸任。亨利·基辛格说，盛田很可能是他曾见过的最有效的日本代言人。

洛克菲勒，约翰·戴维森（1839—1937）

洛克菲勒家族的财富是由约翰·戴维森·洛克菲勒通过掌

控美国的石油生产而创造的。他开始时在一家公司做会计，买卖期货，后来进入俄亥俄州的一家炼油厂。1870年，洛克菲勒和其他几个人共同建立了标准石油公司。公司通过收购竞争对手的炼油厂和掌控铁路而变得愈来愈有实力，实力如此强大，以至于标准石油公司受到了反垄断运动的攻击。1911年，美国联邦最高法院下令解散公司，很多新的小公司从这一分崩离析的状态中建立起来，但是洛克菲勒的财富已累积了起来。据估算，1901年，约翰·洛克菲勒身价值九亿美元，他是现代最伟大的慈善家，到他去世为止，他已捐出了五亿美元。他曾创建了芝加哥大学、洛克菲勒医学研究所和洛克菲勒基金会来"提高人类的幸福感"，他也曾经支持过很多其他的组织和机构。他的儿子约翰·戴维斯·洛克菲勒二世，在纽约建造了洛克菲勒中心。

罗斯柴尔德，梅耶·阿姆谢尔（1744—1812）

"不可能有太多罗斯柴尔德人。"维多利亚时代后期英国首相本杰明·迪斯雷利曾经这样写道。家族银行业王国的创始人梅耶·阿姆谢尔·罗斯柴尔德却确保了罗斯柴尔德家族会有足够的子孙能够传承这一王朝。在拿破仑战争时，众多的罗斯柴尔德子孙们遍布欧洲。梅耶·阿姆谢尔1744年出生在德国法兰克福，他的五个儿子都能力非凡。在精明的梅耶的带领下，兄弟五个把自己的聪明才智贡献给了英国和其他国家政府部门。他们为战争划拨补贴，通汇基金。最初，家庭财富是通过走私、市场投机和对政府任务提前下单而累积起来的。1815年，拿破仑战败之时，罗斯柴尔德家族以伦敦、巴黎、法兰克福、维也纳和那不勒斯为基地已经为自己打下了江山，成为欧洲最主要的银行家。1818年，纳森·罗斯柴尔德为普鲁士发行了债券，以英镑计数，红利可在伦敦支付，在19世纪剩下的岁月里为整个家族控制外国债券发行市场打下了基础。他们在伦敦和巴黎的统治地位使得罗斯柴尔德成为欧洲各政府在国际市场寻求贷款的首选。但是成功并未持续太久，家族中最小的儿子詹姆斯1868年在巴黎去世后，家族的联合团结开始分崩离析。后来罗斯柴尔德家族花费更多的时间纵情于他们对建筑、收藏、赛马和自然历史的热爱，而不是在银行大厅辛苦持业。到第一次世界大战之时，由摩根领导的美国金融宣告了他们的统治地位。

沃尔顿，萨姆（1918—1992）

萨姆·沃尔顿完善了折扣购物的理念，使得他在1992年去世时成为美国最富有的人。这位当今世界上最大的零售商、沃尔玛的创建者懂得如何寻找便宜货。他用五美元来剪头发，从不给理发师小费，并因为在垃圾箱里翻来找去而颇有名声。他不是去找别人扔掉的东西，但这是他时刻关注自己竞争对手的一个方法。比如说，购物小票可以说明其他商场在销售什么。大富翁们古怪的通病小气，他也有；他疯狂关注成本，愿意乞求、借用和偷取经营之道，这是沃尔顿不可思议取得成功的核心秘诀。1962年他开了第一家沃尔玛，但是由于缺乏直接与西尔斯和沃尔沃斯这样的商业巨人直接竞争的资源，他开始把自己的商场转向乡村地区，在那里，当地的独立经营者是他的唯一竞争对手。在之后的30年间，可以说，公司成为了具有统治地位的零售商，因为他的创建者已经在雇员中培养起了一种忠诚的文化（雇员被称作"同伴"），他们对顾客的关注也几近冒犯。沃尔顿非常擅长与自己的雇员进行直接接触，他会在黄色记事本上快速记下想法。他甚至欢迎雇员打电话到他家来。

沃尔沃斯，弗兰克（1852—1919）

弗兰克·沃尔沃斯最初想到一个用打折和固定价格销售商品的主意是因为他发现剩余商品的打折摊位对顾客还是很有吸引力的。他推想，这是价格的原因更是因为人们喜欢看和驾驭商品。在这一基础上，1879年，他建立了他的第一家商场。他对这一情况的错误判断就是一直用五美分的价格销售商品，商场由此破产。他毫无畏惧，继续创建了新商场，提供5美分和10美分的商品（这便是"五分和十分商店"的由来）。又经过了一两次的失败之后，生意开始增长，到1904年已经在美国21个州创建了120家沃尔沃斯商场。1919年沃尔沃斯去世时，已经在美国和其他地区建立了1,000多家商场，形成了一个拥有6500万美元资产的公司。沃尔沃斯在纽约建造了用自己名字命名的高塔，在当时，那是世界第一高塔。

世界富豪之最

2009	价值（十亿美元）	国家/地区	较前一年的变化百分比
比尔·盖茨	40.0	美国	-31
沃伦·巴菲特	37.0	美国	-40
卡洛斯·斯利姆·赫鲁及其家族	35.0	墨西哥	-42
劳伦斯·埃利森	22.5	美国	-10
英格沃·坎普瑞德及其家族	22.0	瑞典	-29
卡尔·阿尔布雷克特	21.5	德国	-20
穆凯什·安巴尼	19.5	印度	-55
莱克什米·米特尔	19.3	印度	-57
西奥·阿尔布雷克特	18.8	德国	-18
阿曼休·奥尔特加	18.3	西班牙	-9
吉姆·沃尔顿	17.8	美国	-7
爱丽丝·沃尔顿	17.6	美国	-7
克里斯蒂·沃尔顿及其家族	17.6	美国	-8
S. 罗宾逊·沃尔顿	17.6	美国	-8
伯纳德·阿诺特	16.5	法国	-35

1996	价值（十亿美元）	国家/地区
比尔·盖茨	18.5	美国
沃伦·巴菲特	15.0	美国
保罗·萨克，奥瑞和霍夫曼家族	13.1	瑞士
李兆基	12.7	中国香港
蔡万霖	12.2	中国台湾
新鸿基郭氏兄弟	11.2	中国香港
李嘉诚（家族）	10.6	中国香港
堤义明	9.2	日本
西奥和卡尔·阿尔布雷克特	9.0	德国
汉斯和加德·劳辛	9.0	斯堪的纳维亚
约翰娜，苏珊娜和斯蒂芬·匡特	8.1	德国
汉尼尔，家族	8.1	德国
保罗·艾伦	7.5	美国

资料来源：《福布斯》。

欧洲富豪榜

2009	居住国家	十亿美元	较前一年的变化(百分比)
卡尔和西奥·阿尔布雷克特*	德国	31.0	12
布伦宁克梅耶家族	荷兰	21.1	30
英格沃·坎普瑞德*	瑞典	16.9	-2
马利兹家族	法国	16.9	52
约翰娜·匡特*	德国	14.4	0
阿曼休·奥尔特加	西班牙	14.1	26
伯纳德·阿诺特	法国	12.7	-11
斯特芬和利斯洛特·珀森	瑞典	12.7	15
莱克什米·米特尔*	英国	12.0	-61
利利安娜·贝特科特	法国	10.3	-19
迈克尔·奥托*	德国	10.1	0
奥瑞/霍夫曼家族	瑞士	9.4	-8
赫茨家族	德国	8.3	-28
罗曼·阿布拉莫维奇	英国	7.8	-40
伯奇特·劳辛*	瑞士/英国	7.7	-1
米歇尔·费雷罗*	意大利	7.3	20
米凯尔·普罗克霍洛夫	俄罗斯	7.3	-33
威斯敏斯特公爵	英国	7.2	-7
芬特内尔·范·弗利辛根家族	荷兰	6.3	-5
阿兰和杰拉德·沃特海默尔	法国	6.1	-15
瓦吉特·阿莱克波罗夫	俄罗斯	6.0	-17
弗朗索瓦·皮诺特*	法国	5.9	-38
欧内斯特和柯丝蒂·伯塔雷利	英国	5.6	-11
安德烈亚斯和托马斯·斯特朗格曼	德国	5.6	6
奥古斯特·范·芬克	德国	5.1	0

*家族财富

资料来源:《星期日泰晤士报》(Sunday Times);欧洲央行(ECB)。

美国和英国慈善事业

美国慷慨慈善家之最

	背景	2004-2008 赠予或抵押（十亿美元）	事业	估算终生给予（十亿美元）	捐赠占净价值百分比
沃伦·巴菲特	伯克希尔哈撒韦公司首席执行官	40.66	医疗，教育，人道主义事业	40.79	82
比尔和梅琳达·盖茨	微软共同创始者	2.63	全球医疗卫生和发展，教育	27.60	48
乔治·凯泽	石油天然气银行业，投资	2.38	俄克拉荷马地区贫困	2.90	24
乔治·索罗斯	投资者	2.21	社会的开放和民主	6.94	63
威廉·巴伦·希尔顿	希尔顿酒店继承人及前首席执行官	1.70	国际医疗卫生，儿童	1.70	75
沃尔顿家族	沃尔玛创建者家族	1.38	教育改革，海洋保护	2.02	2
赫伯特·马里昂·桑德勒	黄金西部金融公司共同创始人	1.33	环境，公民权利，新闻	1.39	58
彼得·彼得森	百仕通集团共同创始人	1.17	财政健全，外交政策，教育	1.18	47
唐纳德·布伦	房地产开发商	0.91	教育，环境，研究	1.34	11
迈克尔·布隆伯格	彭博社创始人，纽约市长	0.90	医疗卫生，教育，艺术，社会服务	1.50	8
乔恩·亨茨曼	亨茨曼主席	0.80	癌症，商业教育	1.26	70
伯纳德·奥什	银行行业，投资	0.80	高等教育，医药，艺术	1.00	111

资料来源：《商业周刊》(*BusinessWeek*)。

英国慷慨慈善家之最

2009*	背景	新近捐赠（百万英镑）	事业	新近捐赠占净财富百分比
阿什克罗夫特勋爵	商业服务	885	社区，教育，儿童，军事	80
克里斯托弗·库珀—霍恩	金融	463	艾滋病，教育，人道主义	544
塞恩斯伯里勋爵†	超市	405	教育，医药，艺术，环境	37
汉斯·劳辛†	遗产继承	151	人权，女性，环境	4
乔治·韦斯顿†	零售	98	教育，宗教，艺术，福利	11
约翰·依莱亚什	体育用品	50	环境	17
罗伯特·埃德米斯顿	汽车销售和房地产	46	宗教，人道主义，教育	15
阿ниць德·巴森和沈玛·瑟曼	金融，电影	43	儿童，艾滋病，教育	41
埃尔顿·约翰爵士	音乐	42	艾滋病，医药，人道主义，艺术	24
莉莉·萨福瑞	遗产继承	33	医药，儿童，艾滋，犹太族	7

* 该年截止至4月份。
† 家族财情。
资料来源：《星期日泰晤士报》。

美英国慈善事业和国

中国财富与慈善事业

中国富豪之最

2008*	公司	产业	财富（十亿美元）
黄光裕	鹏润投资	家用电器零售，房地产，私募股权	6.3
杜双华	日照钢铁集团	钢铁	5.1
杨惠妍	碧桂园	房地产	4.9
彭小峰	赛维 LDK 太阳能	太阳能板组件	4.0
刘永行†	东方希望集团	氧化铝，铝，饲料	3.7
荣智健	中信泰富	综合性	3.7
施正荣	尚德太阳能电力	太阳能	3.2
张近东	苏宁	家用电器零售，房地产	3.2
许荣茂†	世茂	房地产	3.1
张志祥	建龙钢铁	钢铁	2.9
朱孟依†	合生创展	房地产	2.9
何享健†	美的集团	家用电器	2.9
刘永好†	新希望集团	金融，猪饲料，房地产，乳制品	2.8
鲁冠球†	万向集团	汽车零部件，金融，房地产	2.7
陈丽华	富华国际	房地产，私人会所，博物馆	2.6

中国慷慨慈善家之最

2004—2009‡	公司	事业	捐赠（百万美元）
余彭年	彭年实业	医疗，教育	441
黄如论	金源集团	教育，贫困救济，灾难救助，医疗，文化和体育	212
朱孟依	合生创展	教育，医疗，灾难救助	169
牛根生	蒙牛集团	灾难救助，贫困救济，教育，医疗，社会福利	96
陈光标	黄埔投资	医疗，灾难救助，社会福利	92
杨国强†	碧桂园	教育，贫困救济，医疗灾难救助	77
孙荫环	亿达集团	教育，灾难救助，社会福利	48
杨澜和吴征	阳光媒体投资	教育，文化和体育	47
黄怒波	中坤集团	教育，文化和体育，社会福利，灾难救助	45

续表

段永平	步步高集团	教育，灾难救助	40
卢志强	泛海	灾难救助，贫困救济，教育	38
许荣茂 [†]	世茂	教育，灾难救助，社会福利，文化和体育	37

* 截至9月1日。[†] 截至3月。
资料来源：《胡润报告》(Hurun Report)。

1900年以来中央银行总裁

英格兰银行总裁

	委任年代
塞缪尔·斯图尔特·格拉德斯通	1899
奥古斯塔斯·普雷沃斯特爵士	1901
塞缪尔·霍普·莫利	1903
亚历山大·福尔克纳·华莱士	1905
威廉·米德尔顿·坎贝尔	1907
雷金纳德·伊登·约翰斯顿	1909
艾尔弗雷德·克莱顿·科尔	1911
沃尔特·坎利夫	1913
布莱恩·伊布瑞肯·科凯恩爵士	1918
蒙塔古·科利特·诺曼	1920
凯恩卡托的卡托勋爵	1944
卡梅伦·弗罗曼蒂尔·科博尔德	1949
克罗默伯爵	1961
莱斯利·肯尼思·奥布赖恩	1966
戈登·威廉·汉弗莱斯·理查森	1973
罗伯特(罗宾)·利—彭伯顿	1983
爱德华·艾伦·约翰·乔治	1993
默文·阿利斯特·金	2003

美国联邦储备局主席

	委任年代
查尔斯·S.哈姆林	1914
W.P.G.哈定	1916
达尼尔·R.克里辛哲	1923
罗伊·A.杨	1927
尤金·迈耶	1930
尤金·R.布莱克	1933
马里纳·S.埃克尔斯	1934
托马斯·B.麦凯布	1948
威廉·麦克马丁(小)	1951
阿瑟·F.伯恩斯	1970
G.威廉·米勒	1978
保罗·A.沃尔克	1979
艾伦·格林斯潘	1987
本·B.伯南克	2006

欧洲中央银行总裁

	委任年代
威廉·F·杜森伯格	1998
让—克劳德·特里谢	2003

日本银行总裁

	委任年代
山本大雄	1898
松尾臣善	1903
高桥是清	1911
三岛弥太郎	1913
井上准之助	1919
市来乙彦	1923
井上准之助	1927
土方久征	1928
深井英五	1935
池田成彬	1937
结城丰太郎	1937
涩泽敬三	1944
新木荣吉	1945
一万田尚登	1946
新木荣吉	1954
山际正道	1956
宇佐美洵	1964
佐佐木直	1969
森永贞一郎	1974
前川春雄	1979
澄田智	1984
三重野康	1989
松下康雄	1994
速水优	1998
福井俊彦	2003
白川方明	2008

资料来源：各国中央银行。

可引之言

- 经济不只是悦心怡人,更让人激越畅快。它激发整个思维的兴趣……使之深深地沉醉于其中。但表面上它可不是这样。

  沃尔特·白哲特,英国记者,作家,《经济学人》早期编辑

- 我们不要垄断。我们要市场份额。这就是不同。

  史蒂夫·鲍尔默,微软首席执行官

- 每个年轻人都应牢牢记住,一切成功的商业范例都是建立在道德的基础之上的。

  亨利·沃德·比彻,19世纪美国神学家

- 失败的管理通常都是要么管理过度,要么疏于领导。

  沃伦·G.本尼斯,管理学理论家

- 品牌对于一个公司来说,就像声誉对于人。你是通过努力把难事处理好而获得名声。

  杰夫·贝佐斯,亚马逊创始人

- 被称作商业的赌博以严肃的面孔表达出自己对被称作赌博的商业活动的不喜欢。

  安布罗斯·比尔斯,美国讽刺家

- 公司:一个非常睿智的手段去获得利益,而不必个人负责。

  安布罗斯·比尔斯

- "为什么"和"怎么样"是太重要的辞藻,不同使用太过频繁。

  拿破仑·波拿巴,法国军事和政治统帅,1804年加冕皇帝

- 如果你能把一个业务经营得很好,那么你可以把任何事情都干得很好。

  理查德·布兰森爵士,维京集团创始人

- 市场就像是上帝,是在帮助那些自助的人。但是跟上帝不同的是,市场不会原谅那些不知道自己在做什么的人。

  沃伦·巴菲特,美国投资家

- 我不会设法跳过七英尺的杆子,我会去寻找一英尺的杆子让我能跳得过去。

  沃伦·巴菲特

- 投资者不懂他们在做什么时,广泛多样便是唯一的要求。

  沃伦·巴菲特

- 在寻找公司进行收购时,我们采取的态度跟人寻找合适的配偶是一样的:积极主动,充满兴趣并且思维开阔是值得的,但是匆忙慌乱就划不来。

沃伦·巴菲特

- 开店很简单,能永远开下去是一门艺术。

中国习语

- 不要害怕行进缓慢,唯一值得担心的是停滞不前。

中国习语

- 有些人把私有企业看作凶猛的老虎,必诛之而后快。其他人把这类企业看作是奶牛,总想挤出些油水来。只有少数人看到的是它的真实面貌:那是拉动整架马车的悍马。

温斯顿·丘吉尔,英国政治家

- 美国人的正业就是商业。

卡尔文·柯立芝,美国前总统

- 你可以买到一个人的手,但你买不到他的心。他的心是他热情与忠诚之所在。

斯蒂芬·柯维,商业作家和顾问

- 开始起步的方法就是少说多做。

沃尔特·迪士尼,沃尔特迪士尼公司创始人

- 无论在哪儿看到一个成功的事业,都是曾经有人做过勇敢的决定。

彼得·德鲁克,美国管理学理论家

- 我们大多数人称作管理的东西都包含有让人们的工作难以开展的因素。

彼得·德鲁克

- 数据越少,这一信息越有效。信息超负荷承载,也就是任何超出我们真正需求的东西都会导致信息封锁。那不是信息丰富,那是信息贫乏。

彼得·德鲁克

- 有许多管理者都是在工作中渐渐隐退。

彼得·德鲁克

- 衡量成功并不是看你是否有棘手难题要去解决,而是看那是否仍是去年的同样问题。

约翰·福斯特·杜勒斯,总统艾森豪威尔政府国务卿

- 电影业从来都像盲目钻探的石油产业。每个人都想有个自喷井。

迈克尔·艾斯纳,沃尔特迪士尼前总裁

- 不要试图成为一个成功的人,而要努力成为一个有价值的人。

  阿尔伯特·爱因斯坦
- 在进行创新时,你要做好准备接受每个人都会叫你疯子。

  拉里·埃利森,甲骨文总裁
- 问五个经济学家,你会有五种不同的答案,如果其中一个是哈佛毕业时,那就会有六种答案。

  埃德格·费德勒,经济学家
- 一旦我开始跟着我的直觉走,销售额就突飞猛进,我于是成了百万富翁。我想,这一点对于每个人的成功都是至上的秘诀,无论男女,无论你是银行家还是色情文学作家,相信自己的灵感。

  拉里·弗林特,美国先锋色情文学家
- 最好的视力就是洞察力。

  马尔科姆·S·福布斯,《福布斯》出版商,该杂志由其父创建
- 一项业务只挣到了钱,不是好业务。

  亨利·福特,美国汽车制造商
- 失败只是重新开始的机会,这一次要更加睿智。

  亨利·福特
- 所有事情看似都跟你做对时,要记住飞机是在逆风起飞,而不是顺风的。

  亨利·福特
- 在风和日丽时借给你一把伞,在下雨时把它要回去,银行就是这样的地方。

  罗伯特·弗洛斯特,美国诗人
- 忠心耿耿地一天干八小时,你也许最终会成为老板并且一天工作十二个小时。

  罗伯特·弗洛斯特
- 严格实行诚信经营很困难,但不是不可能。

  圣雄甘地,政治和精神领袖
- 最让你不快的顾客是你学习的最佳来源。

  比尔·盖茨,微软创始人
- 在这一行业中,等到你意识到有了麻烦,那时再进行自救为时已晚,除非你整日惶惶不安,你最终离开。

  比尔·盖茨
- 避税和逃税之间的区别就是在于陷入牢狱之内有多深。

  丹尼斯·希利,英国政治家

- 成功是 99% 的失败。

  本田宗一郎，本田汽车创始人

- 最终，所有业务的经营都可以浓缩成三个词：人、产品和利润。你只有拥有一个好的团队，才会拥有产品和利润。

  李·艾柯卡，克莱斯勒前首席执行官

- 最成功的商人是那种旧东西只要好就会紧紧抓住不放的人，他们也会在新东西更好时，快速抓到手里。

  李·艾柯卡

- 有时候，你会在进行创新时犯错误。最好的做法就是迅速承认错误，然后继续研发其他创新。

  史蒂夫·乔布斯，苹果电脑创始人

- 每年因为疏忽大意所丢掉的生意比其他任何原因都多。

  罗斯·肯尼迪，约翰·F·肯尼迪总统的母亲

- 你会保持清醒头脑，解决问题，市场会更长时间地持续不理性状态。

  约翰·梅纳斯·凯恩斯，经济学家

- 不要害怕获取利益，装在你的口袋比装在别人的口袋更好。

  迈克尔·利维，美国作家

- 与其他职业相比，商业更需要不断跟未来交易，不断推断预测，进行对远见的直觉练习。

  亨利·卢斯，美国出版商

- 有四件事情会阻碍人类的进步：愚昧、蠢笨、委员会和会计员。

  查尔斯·莱亚尔爵士

- 如果你一开始就明白为什么买一只股票，你自然就会更清楚什么时候该跟它说再见。

  彼得·林奇，美国投资家

- 商业是战争和体育的结合。

  安德烈·莫洛阿，法国作家

- 在支票上签字的家伙，钱是不会找你的。

  鲁伯特·默多克，澳大利亚裔传媒大亨

- 世界变化飞快，不会再是以大击小。未来将会是以快胜慢。

  鲁伯特·默多克

- 无法指望经营管理去确认一个好主意，只能是通过一个优秀推销员呈现这个好主意。

  戴维·奥格威，广告主管经理

- 商业的秘密是知道别人不知道的事情。

  亚里士多德·奥纳西斯，希腊船王

- 我们没有那么多我们需要的经营者，不过宁少勿多。

  拉里·佩奇，谷歌联合创始人

- 我很感激我那些所有的问题。我因此变得更加坚强，更有能力去面对未来的一切。

  J·C·彭尼，美国零售先锋

- 经济学家是专家，他明天会知道为什么他昨天预测的事情今天还没有发生。

  劳伦斯·彼得，加拿大学者和幽默大师

- 几乎一切质量的提高都是经由设计、生产、部署、工序、行动的简化而实现。

  汤姆·彼得斯，经营大师

- 诚信无小事。

  汤姆·彼得斯

- 工作最重要的部分就是开始阶段。

  柏拉图，希腊哲学家

- 建立在业务基础上的友情与建立在友情之上的业务相比，是一笔更好的交易。

  约翰·D·洛克菲勒，美国石油大亨

- 成功的经营在于向平民百姓展示如何做通高层人士的工作。

  约翰·D·洛克菲勒

- 成功的秘诀就是早起床，熬夜工作，跟石油干。

  约翰·D·洛克菲勒

- 如果广告人能把这笔钱用于提高产品质量，并像做广告一样用心，那么他们就不需要给产品做广告了。

  威尔·罗杰斯，美国幽默大师

- 最优秀的领导有足够的判断力，能挑选适合的人选去完成他想要完成的事情，并自我克制，不干预他们的工作。

  西奥多·罗斯福，美国总统，1901—1909

- 身处太空，并意识到一个人的安全因素是由政府合同中最低出价人决定的，这是一种很冷静清醒的感觉。

  艾伦·谢泼德，美国宇航员

- 与团队工作相比，个人的工作仍然可以是火花，更大地推动人类向前。

  伊格尔·西科尔斯基，俄裔航空先锋

- 如果你不能做到极致，根本不要做，因为不极致，便无利可图，且毫无乐趣，如果你做生意既不为利，又不为乐，那你还做它干吗？

  罗伯特·汤森，美国商人

- 有时候，你最明智的投资是那些你没有赚到钱的。

  唐纳德·特朗普，美国商人

- 我的儿子现在是一位"企业家"。在你没工作的时候，人们也曾这么称呼过你。

  泰德·特纳，美国有线电视创始人

- 做事情，或者领导别人，或者被别人领导，或者被淘汰出局。

  泰德·特纳

- 领导只有一位，那就是顾客。他可以从公司中把任何人炒掉，从主席到下面每个人，仅仅通过把钱花到别的地方就可以做到。

  萨姆·沃尔顿，沃尔玛创始人

- 高期望值是一切事情的关键。

  萨姆·沃尔顿

- 挣钱是艺术，工作是艺术，而做好生意是最极致的艺术。

  安迪·沃霍尔，艺术家

- 一个机构学习的能力以及把所学的东西迅速转化成行动是具有竞争力的终极优势。

  杰克·韦尔奇，通用电气前首席执行官

- 在现代商业中，不是骗子而是诚实的人最让人害怕，他们不知道自己在做什么。

  威廉·华兹华斯，英国诗人

"坏家伙"

康拉德·布莱克（Conrad Black）1950年在加拿大因为卖给同学考试卷子而被学校除名。10年之后，他和商业合伙人戴维·拉德勒一同购买了他的第一张报纸。20世纪80年代中期，他的出版企业霍林格拥有世界各地100多家报纸，其中包括英国《每日邮报》、《芝加哥太阳时报》和《耶路撒冷邮报》。到20世纪90年代末，布莱克先生的商业判断力让他自己确信，互联网时代的到来意味着报纸将面临惨淡未来，他开始抛售各地报业集团，这些都是霍林格的业务支柱。但是，在这些交易中，布莱克（他在2001年宣布放弃加拿大公民身份之后成为了布莱克勋爵）使用"非竞争费"支出款项进行掩盖的计谋吸走了几百万。2003年，投资者们开始提问质疑，后续的调查导致了他在美国被刑事指控。在对他的审判当中，他与自己妻子的上流奢华生活开始浮出水面，他们在分散于世界各地的几处房产内，享受着亿万富翁、社会名流的生活和顶级政治人物的陪伴，而其中部分消费是使用了股东们的钱。2007年12月，布莱克勋爵被判欺诈罪，服刑6年半，他开始为自己的清白申辩。

伊万·波斯基（Ivan Boesky）是一名美国套汇商，是他创造出新词"贪婪很好"，这一术语反映了20世纪80年代在金融市场工作的很多人的道德观。波斯基先生把他手里的钱投注在公司收购上，但是他不会仅仅依赖运气和判断。他被指控使用内线交易。在那段随心所欲毫无管制的年月里，这一罪行在华尔街经常被忽略不计，然而他的行动太过惹眼，在诉辩交易和供出他的许多线人之后，仍被判三年半有期徒刑，处以1亿美元罚款。

艾伦·邦德（Alan Bond）1950年从英国移民澳大利亚，在那儿开始了他画广告牌的工作。他在珀斯建立了邦德公司，在房地产开发领域发财致富，之后扩展到酿造、采金和电视行业。美洲杯帆船比赛从1851年就开始举办，1983年他资助澳大利亚从美国手中成功夺取美洲杯，并因此成为了国家英雄。邦德先生利用他巨大的财富购买了大量的艺术品，但是1987年，他使用了拍卖商苏富比的贷款以5,400美元的价格购买了梵高的"鸢尾花"之后，情况开始恶化。他拒绝偿还贷款，并且一次股市崩盘暴露了他事业的脆弱，从而导致破产，并名声扫地。1996 年他因以大大低于市值的价格销售邦德公司拥有的一幅马奈油画给一个家族公司犯下欺诈罪，被判刑 3 年。1997 年他因把现金从他所经营的一家上市公司转移到另一家家族企业而获刑 7 年。在监狱期间开始学习艺术。

伯尼·科恩菲尔德（Bernie Cornfeld） 原来是一名社会福利救济工作者，后来改行成为一名共有基金销售员。20 世纪 60 年代，他决定自己创业。投资者海外服务公司（Investors Overseas Services）总部设在日内瓦，就是为了逃避管制并瞄准意欲逃避所得税的居住在海外的美国人，但是有大约一半的投资者都是德国人，他们也被他的宣传"你是否真的想发财？"所诱惑。10 年之后，投资者海外服务公司已经募集了 25 亿美元，并拥有了 100 万股东。投资者海外服务公司实际上是一个堂皇的庞氏阴谋（见下文查尔斯·庞齐），1970 年倒闭。在诈骗指控撤销之前，科恩菲尔德在瑞士监狱度过了 11 个月。

伯尼·埃伯斯（Bernie Ebbers） 牛仔帽加长靴打扮的商人，之前是夜总会保镖，后来建立了世通公司（WorldCom），这一公司开始时卑微创业，后来通过不停地收购资产，在股票市极度繁荣时，发展成为价值超过 1,750 亿美元的电信公司。1998 年，他巧妙设计了与美国重要长途电话公司美国微波通讯公司（MCI）的合并，价值 370 亿美元。但是，当这家网络公司失去动力筋疲力尽时，世通又重操会计把戏，来维持不断盈利增长的假象。欺诈未能让公司幸存下去。2002 年 4 月，埃伯斯先生被迫卸任总裁一职，后来公司承认有 110 亿美元的财务欺诈，最终形成美国有史以来最大的破产案。2004 年，埃伯斯先生被发现犯有欺诈罪、共谋罪和向监管机构提交假文件，于 2005 年被判刑 25 年。

安然（Enron） 通过电力和天然气的交易成为世界上最大的能源公司。他把持着近 30,000 英里的天然气管道以及 15,000 英里的光纤电缆网络。1999 年，他启动计划，买卖高速互联网宽带权和安然在线（EnronOnline）。安然在线是一个商品交易网站，这使安然成为了一家电子商务公司。公司 2000 年报告称收益 1010 亿美元，其股票创纪录高达 90 美元。但是 2001 年 10 月，安然报告称高达 6.38 亿美元中的 3/4 的亏损，并承认美国证券交易委员会已正式开始调查公司与合作伙伴交易而可能引发的利益之争。之后的一个月，安然修改了过去5年的财务报表，以说明更多的损失。安然股票直线下跌至一美元以下，11月递交破产保护申请。国会调查后来总结说，安然安排了一系列让人眼晕的复杂计划欺骗美国国税局，并通过狡猾的财务资产负债表交易和避税花招而让其主管领导们发家致富。安然管理层用虚拟利润创造了一个虚拟公司。16位前主管领导已经对各项犯罪供认不讳。安德鲁·法斯托承认犯有诈骗罪，并同意与检方合作，以此仅被判刑10年。2005年12月，公司前财务主管理查德·考西犯有证券诈骗罪。但是对于检方来说，难能可贵的事情是，经过16个星期的审讯，公司两大领导杰弗里·斯基林和肯尼思·莱终被定罪。莱先生被发现犯有共谋罪和诈骗罪六项罪名，而斯基林先生被发现犯有18项罪名，但是除了内线交易罪之外，所有其他指控都宣布无效。在法官面前的一次单独审讯中，莱先生还被发现犯有银行诈骗罪。两个人都面临很长的刑期，但是，2006年7月，在判刑被宣布之前，莱先生去世。

马丁·弗兰克尔（Martin Frankel）是美国一名短期资本经营者，在国际搜捕之后于1999年在德国被逮捕。据报道，他有9张假护照，547颗钻石和1张占星图，用来回答"我会进监狱吗？"这一问题，他还有计划事项列表，其中包括"洗钱"。2002年，弗兰克尔先生对24项联邦贪污指控认罪，承认从美国南部的保险公司诈骗两亿多美元，他的手法就是收购小型保险公司，享用公司资产，为他的奢华生活提供资金。2004年他被判刑17年。

浜中泰男（Yasuo Hanamaka）被称为"百分之五先生"，是因为他说要掌控那很小份额的铜矿市场。但是1996年他服务的日本住友公司揭露浜中先生由于企图攫取大额利润而操控铜价格，由此损失26亿美元，造成铜矿市场混乱。浜中先生坚持说，他的活动是意欲为银行挽回损失而不是为了个人所得。然而，浜中先生承认伪造和诈骗，被判刑8年。

金宇中（Kim Woo Zhoong）南韩大宇公司的创始人，把一家小型纺织品贸易公司发展成韩国最大的工业集团，因此声誉极高。公司业务从汽车和电子产品扩展到金融服务和建筑业。1997年亚洲金融危机之后，公司艰难奋斗，力图还清扩展业务而借用的大笔债款，集团由于有700亿美元的债务于1999年倒闭。在金先生的6位高级助手因被指控诈骗和贪污而被捕之后，金先生逃跑。据称他快速来往于欧洲和非洲之间，为了躲避类似指控，进行高额财务诈骗以支撑处于困境之中的企业。2005年金先生回到韩国面对审判。这位69岁的公司总裁被发现犯有贪污和财务诈骗。他被勒令交回220亿美元，并被判10年有期徒刑。

井口俊英（Toshihide Iguchi）是日本大和银行纽约分行的高级雇员，1995年7月13日他寄给银行总裁一封长达30页的信件。信中井口先生承认他在11年的时间里进行美国国库券交易，使银行遭受了11亿美元的损失。井口先生承认伪造了30,000多笔交易，来掩盖由于抛售银行和客户的证券而造成的损失。大和于是掩盖井口先生的交易长达数月，只是在9月才提醒美国监管机构。井口先生被判刑4年，并被处以260万美元罚款。大和的声名严重受损，被处以3.4亿美元的罚款并因为掩盖井口的损失而撤出美国市场。2000年9月，日本法庭下令11位董事会成员以及总裁赔付银行7.75亿美元损失。

杰尔姆·柯维尔（Jérôme Kerviel）法国兴业银行的一名底层交易员，事实证明他是一个"金融恐怖分子"，使这家法国银行遭受重大损失。2008年1月，兴业银行说，他们因一些没有授权的交易而蒙受损失达90亿欧元。柯维尔先生在"幕后"开始了他的事业，那些交易就是这样进行的，他利用对兴业银行计算机系统的了解，绕过内部控制，精心建立网络，进行这些冒险的虚假贸易。经他动用过的资金高达500亿欧元，远远超出兴业的市值。他宣称说，他是在努力为自己的老板挣钱，但是兴业银行并不领情，曾被视为信息技术奇才的柯维尔先生因伪造和侵入电脑系统罪而被起诉。柯维尔先生在等待审批的时候，在一家信息技术公司找到了一份工作，负责网络安全。

丹尼斯·科兹洛夫斯基（Dennis Kozlowski）创建了泰科，1992年任总裁一职，他通过一系列大胆冒险性的兼并和收购使公司从一个无名的新英格兰电子产品制造商成为美国一个最大的集团。科兹洛夫斯基先生过着奢华的生活，但是他所使用的资金来路不明。科兹洛夫斯基先生和泰科前财务主管马克·斯沃茨被指控利用欺诈性股票销售和未经授权的赔偿支出而从公司盗走6亿美元。他们第一次出庭最终以无效审判结束，因为被敦促进行无罪宣告的唯一陪审员抱怨说自己收到了威胁。然而，许多滥用泰科资金的例子浮出水面：200万美元为科兹洛夫斯基的妻子举办的生日晚会，在撒丁岛举行，特色是米开朗基罗的大卫冰雕在分发伏特加；位于曼哈顿的价值1,800万美元的奢华公寓；价值6,000美元的淋浴帘，还有珠宝、花、服装和葡萄酒。2005年6月第二次审判之后，两位先生都被认定有罪，获刑25年。

伊瓦尔·克罗伊格（Ivar Kreuger）"瑞典火柴大王"，第一次世界大战之后，在许多国家垄断了火柴生产。之后他在美国建立了国际火柴公司（International Match Corporation），这一公司进一步控制了世界2/3的火柴生产。但是1929年华尔街股灾之后，他的企业开始走下坡路，他受到了清偿危机的打击。1932年他被发现死于巴黎的一家宾馆，像是自杀。他死后，真相揭露，通过虚假财务，美国投资者被诈取数百万美元。

尼克·利森（Nick Leeson）供职于巴林银行（Barings），这是一家受人尊重，历史悠久的银行，总部在伦敦。利森的工作是在新加坡交易所做期货交易。1995年神户地震使得亚洲市场骤然下跌之后，他对日本股票市场期货方向的赌注出现重大错误，从而造成重大损失。他隐瞒损失不报，做了一系列更冒险的投资，以期能偿还资金。这些动作都以失败告终，这时他的损失已达14亿美元，于是他逃跑了。他在德国被逮捕，被遣送回新加坡，获刑6年半。巴林倒闭，被荷兰保险巨头荷兰国际集团（ING）以1英镑的微小数目收购。

刘奇兵（Liu Qibing）中国的一名金属交易人。被认为是在中国国家物资储备局（Chinese State Reserve Bureau）工作，因在铜价格急剧上涨之前下大额赌注铜价格会下跌，于2005年消失。据估计，他造成的损失会在两亿到10亿之间。然而，储备局否认刘先生的存在，但是伦敦金属交易所（London Metals Exchange）的很多交易人对他非常了解，知道他是铜市场上的一个重要玩家。他目前的行踪无人知晓。

伯纳德·麦道夫（Bernard Madoff）是纽约投资界的支柱，最终却被2007年开始的信用危机而导致的金融危机给毁了。回顾从前，这一受人尊重、面容和蔼的老绅士进行的投资生意，总会给人稳定但不会很大的收益，简直让人称奇。结果这一生意证明是一个巨大的庞氏阴谋，把新投资者的钱付给长期客户。麦道夫先生在向自己的两个儿子承认自己的帝国是一个骗局之后于2008年被逮捕。他的很多投资者都是富有的社会名流和犹太慈善团体，据估计在一次操作中，他诈骗了投资者约合650美元的巨资，法官称之为"极端邪恶"，并正式宣布判处他有期徒刑150年。许多年以来，一些分析家一直在质疑麦道夫先生能够产生如此让人信赖的收益的能力，但是他聪明地让投资者们信服，他们属于一家高级会馆，雇佣一家小型审计公司。这些是被检方称为"橡皮图章一盖"就了事的财务。

罗伯特·马克斯韦尔（Robert Maxwell） 1923年生于捷克斯洛伐克，取名詹·路德维克·霍克。1939年，他逃离纳粹党，在第二次世界大战中与英军共同战斗。他使用了一种时髦香烟的品牌给自己取名杜穆里埃。战后他来到了英国，把自己名字改成了马克斯韦尔。1951年，他收购了培格曼出版社（Pergamon Press），这是一家教科书和科技期刊的出版社，出版了很多共产主义东欧的材料，他也与东欧发展了很好的关系。1964年他成为国会劳工党成员，但是五年以后因几次经济丑闻而终结了自己的政治生涯。然而，1974年"强劲的捷克"重新收购培格曼出版社，他从此失去对这一出版社的掌控。20世纪80年代，他创建了庞大的出版帝国，其中包括美国的大出版商麦克米伦和英国的镜报集团的报纸。随着20世纪80年代不断往前推进，马克斯韦尔的金融诡计开始纠缠上他。1991年，有报道称马克斯韦尔从加那利群岛附近他的豪华摩托游艇上消失。不久以后他的尸体被发现飘到了不远处。他被埋葬在橄榄山俯瞰耶路撒冷，后来真相浮出水面，他盗用镜报集团养老基金4亿美元，用以支撑他的其他业务利益。他是狗急跳墙还是后有推手？有些报道说，摩萨德人员是他死亡的原因。然而，更有可能的是，他知道自己的游戏已经玩完，而无法面对结局，于是选择了死亡。

迈克尔·米尔肯（Michael Milken） 是华尔街的垃圾债券大王。20世纪80年代，他通过开创性使用高收益高风险债券投资于大量公司收购，在这一过程中为他的老板德雷克塞尔·伯纳姆·兰伯特赚取了大量财富。他和他的共谋者们搭建了一个欺骗交易的网络，招致非法行骗、内线交易和保险诈骗等98项罪名。1989年，他因保险诈骗被判刑10年，成为"已知金融界最重大的犯罪阴谋。"1991年，他减刑至两年缓期三年执行。1998年他与政府达成一项方案，支付4,200万美元外加利息。从此米尔肯先生把自己的时间和金钱投入到了慈善工作。

阿塞尔·纳迪亚（Asil Nadir） 宝丽派克国际（Polly Peck International）的前老板，集团总部位于英国，包括电子业务和德尔蒙特（Del Monte）水果业务。这是经过一系列大胆收购而得到的。由于塞浦路斯没有与英国（英国不承认那片领土）达成引渡协约，公司因之前暴露债务高达10亿多英镑而倒闭之后，他逃到塞浦路斯北部。这位商界人士，曾经慷慨捐助英国保守党（后来让他们很尴尬），现在正面临66项盗窃达3,400万英镑的指控，但是1993年，在即将受审前不久，他乘私人飞机逃跑了。他现在仍然居住在塞浦路斯北部，期望着有一天他能与英国政府达成协议，允许他回到英国。

查尔斯·庞齐（Charles Ponzi）生于意大利，1903年移居美国，在干了一系列卑贱的工作之后，1919年启动了一项计划，承诺会在90天之内让投资者的钱翻倍。1920年，他通过把后来的存款支付给先前的投资人而拥有了数百万美元，这样就有越来越多的受骗者加入到这一骗局。这一业务仅仅在40,000人交给他1,500万美元之后便败露了。尽管对于法律的管辖权进行了激烈争论庞齐还是因邮件诈骗而被判在联邦监狱服刑5年。他保释逃跑，在佛罗里达开始了新的阴谋：销售土地。这一阴谋败露，他又获刑1年，并被送回波士顿继续他之前的刑期。庞齐1949年在里约热内卢死于贫困，但是他把遗产留给了后人，那就是金字塔销售计谋仍然带有他的名字。

约翰·拉西纳克（John Rusnak）看上去不像是"流氓交易员"。他受雇于爱尔兰联合银行（Allied Irish Bank）在巴尔的摩的艾弗斯特分行做一名低层外汇交易员，他是经常去教堂的中美洲人的典型代表，但是2002年银行的例行检查发现，有6.91亿美元的损失是拉西纳克先生几年时间里累积起来的，他一直把赌注压在日元增长会超过美元上。曾经大家认为他进行了价值75亿美元的赌博而没有采取交易损失保护措施（通常在这类交易中都是这样），尽管交易限额为250万美元。但是一次美元10%的快速增值暴露了他的骗局。在进行辩诉商讨之后他获刑7年半。并被下令赔偿所有损失（但是，迄今为止他的债务已清还多少还不清楚）。

埃利奥特·斯皮策（Eliot Spitzer）因为无畏追查华尔街违法犯罪者建立了自己纽约州首席检察官的声名。他与纽约最有势力的金融家进行斗争，把他们置于最高的伦理标准之上，赢得了"一心一意揭露违法犯罪"的美名。2002年，在他了结了证券市场被控误导投资者的标志性案子之后，《时代周刊》甚至给他冠以"年度十字军战士"的称号。就是这样一种形象让选民们在 2006 年坚定地选举斯皮策先生做纽约州州长，支持他大获全胜，整顿州内各项事务。但是 2008 年 3 月，一项高层卖淫嫖娼团伙的调查发现，斯皮策先生在华盛顿特区一家豪华酒店安排了与帝王贵宾俱乐部妓女的约会，而且这不是他第一次使用该俱乐部的服务。他别无选择，只有辞职，从此他成了悔恨的代名词。

艾伦·斯坦福（Allen Stanford）的金融帝国是建立在 20 世纪 80 年代休斯敦的房地产业务之上的。但是在 15 年的时间里直到 2009 年他被捕时，他一直居住在加勒比，甚至获得了斯坦福国际银行（Standford International Bank）总部所在地的安提瓜政府授予的骑士勋章。这位活跃的得克萨斯金融家的耀眼之处就在于他不知边界，他会使用数百万美元推动传统板球运动。2009 年初，斯坦福先生因诈骗被调查，2 月，被美国证券交易委员会指控诈骗"数额惊人"，他被控使用由他银行所签发的存款单上的投资者基金，操纵了 70 亿美元的庞氏阴谋。6 月开始了刑事指控。

堤义明（Yoshiaki Tsutsumi）在 20 世纪 80 年代后期日本房地产繁荣高峰期，可以被简单地称为世界上最富有的人。他继承了父亲的房地产生意，据说他父亲曾拥有日本 1/6 的土地。但是 2005 年，义明先生这位日本最有名的商界人士，由于涉嫌篡改股东信息，按照虚假信息销售股票而被逮捕。他供认犯罪事实，被处以缓刑判决，并处以 500 万日元（约合 42,000 美元）罚金。

罗伯特·威斯科（Robert Vesco）作为"救星"拯救陷落基金而参与了伯尼·科恩菲尔德的投资者海外服务公司（见上文）。他后来被指控盗用公司 2.24 亿美元资金，并对理查德·尼克松的再次竞选活动非法捐款而逃亡哥斯达黎加，缺席判决他犯有盗窃罪（还有毒品走私，作为额外资金来源）。1996 年，威斯科先生由于被控在没有共产主义政府知晓的情况下生产并向海外投资者销售一种神奇治疗癌症药品，因此被判在古巴监狱服刑 13 年。

戴维·威蒂格（David Wittig）在华尔街发财致富，之后于 1995 年作为西星能源（Westar Energy）的主管领导身份回到自己的出生地堪萨斯。他迅速成为这家公用事业公司的总裁，通过组织大型慈善活动，并斥巨资购买和翻新前州长宅邸，他开始着手把自己打造成托皮卡社会精英群体中的领导成员。

然而，2002年，威蒂格先生和西星一位高层主管道格拉斯·莱克因被指控计划盗用公司资金占为个人所得，并使用公司飞机做私人旅行而宣布辞职。这个被称作"堪萨斯的安然"的案子于2003年年底开庭，但是以无效审判告终。另一次审判在2004年进行，两人都被发现犯有同谋罪、通讯诈骗罪和洗钱罪。威蒂格先生被判处18年的监禁；莱克先生被判15年监禁。每人被处以500万美元的罚款，外加偿还西星5,300万美元。

顶尖管理智囊

沃伦·本尼斯（Warren Bennis）

一个轻松随和，满头银发的南加州大学教授，数十年来一直是领导能力领域颇有影响力的权威。许多世界有名的领导人向他咨询，其中包括至少四位美国总统。本尼斯的基本信条就是领导人是创造出来的，而不是生就的。他相信在机构中，他们不应该只是最优秀的管理者。管理者与领导者相去甚远。"管理者把事情做对，而领导者做正确的事。"这可能是本尼斯最经典的名言。

然而，管理者可以通过学习成为领导者。本尼斯曾经写道，"我相信潜能的自我，那就是适应与变化的能力。"要成为优秀的领导者，人们首先必须作为个体进行发展提升，这就涉及许多事情的学习，其中包括学习不怕自己脆弱的方面被别人发现。他说，领导能力的素质，只能通过"完善的自我"发展出来。

本尼斯受道格拉斯·麦格雷戈（见下文）和X与Y理论影响很深。20世纪60年代末，他试图经营学校，他是遵循Y理论这一方向上的院长。但是他发现，在实践中，让教职员工自我激励没有多大作用。很多人比麦格雷戈体系所说的更需要结构和方向。

星巴克创始人和主席霍华德·舒尔茨说，本尼斯曾经告诉他，为了成为伟大的领导者，你必须发展"你的能力，在门槛处挣脱自我，去辨识你所需要的建立世界级机构的技巧和特质"。

马文·鲍尔（Marvin Bower）

很多年以来，管理咨询业务都是由一家公司控制着。他为世界最大公司而且更为世界上最大的国家提供高层策略。这家公司卓越非凡，以至于人们都简单称之"公司"。

这家公司名为麦肯锡，是一个人创造的杰作。当然不是挂在前门上的那个人的名字，詹姆斯·麦肯锡（1937年死于肺炎，死时很年轻），而是马文·鲍尔。从麦肯锡去世一直到2003年他99岁时去世，在这65年的时间里，他是公司中最有影响力的人物。

鲍尔模仿专业法律事务所的咨询模式，由一整套价值观所推动，比如，公司客户的利益要比收入的增长更重要。鲍尔在他1966年出版的《管理意志》一书中这样写道，"如果你照顾好客户，利益润自然就会照顾好自己。"但是他不怕面对客户。一位同事曾回忆过一个场景，鲍尔"大声咆哮，'这家公司的问题就是你，小不点先生。'于是一片死一般的沉寂。最后证明这完全是正确的。我们跟那位客户的工作关系因此而终结，但是这不会烦到马文。"

如今，咨询师们会为一流的管理者们出谋划策，有时也会因对咨询结果没有坚持跟踪到底而遭到批评，他们有傲慢的名声。《经济学人》曾经描述其中一位咨询师："他绝没有以前麦肯锡咨询师们通常会有的那种不自信。"他们当中有些咨询师，比如汤姆·彼得斯和肯尼奇·奥玛已经成为这一领域的权威。

公司非常看重新毕业的工商管理硕士或从名校好专业毕业的学生，让他们大量使用数字分析客户问题。这些人被送到"团队"中，在每个项目中一同工作。这些毕业生只有不断进步，登上各个层级，才能在公司里待下去。如果他们在一个水平上坚持过久，他们就会被请走。公司的原则就是"提高或者出局"。

吉姆·柯林斯（Jim Collins）

前斯坦福商学院教授，他在扩展自己在斯坦福期间所做的关于什么让公司永载史册的研究时发现自己有出版的天赋。《基业长青》于1994年出版，使得柯林斯以后可以不再教学。

柯林斯精于美国方法的商业实务研究。他收集了关于他希望研究的一个群体的大量数据资料（在这一案例中是一直保持优秀的公司）；然后把这一群体与经过仔细挑选的不是永远优秀的一个可控群体进行比较，从统计方面发现了他们之间的巨大不同。这是花费时间而结出果实的方法，柯林斯说《基业长青》是他6年的研究成果。

他的第二本书《从优秀到卓越》（2001）成为最畅销的商业书，超过了长期以来拥有这一称号的那本《追求卓越》。这本书是在柯林斯离开斯坦福之后写的，这是他花了5年时间，由21位助手在他位于科罗拉多博尔德的"管理实验室"进行的研究。他的实验室在山的旁边，他喜爱在那儿爬爬山。尽管柯林斯可以要求最高费用巡回进行商务讲座，但他还是更喜欢在博尔德附近住。

从一种意义上说，柯林斯采纳了汤姆·彼得斯和罗伯特·沃特曼的卓越和卓越公司的概念，并随着时间进行发展完善。什么可以让一个卓越的公司数十年持续不衰？

在柯林斯的网站，他谈到了一位他认识的教授，这位教授在他的第一堂课时走进他的教室，并在黑板上写下了这句话："最好的学生是那些从来都不太相信他们的教授的人"。那么，我们怎么去理解发展柯林斯教授的发现结果呢？

W·爱德华·戴明（W. Edwards Deming）

戴明是一个统计学家，他把美国一个名不见经传的数学家沃尔特·休哈特关于变量的观点应用到了商业过程中，在质量和生产率方面产生了突出的效果。让人惊讶的是，他不是在他的祖国美国而是在日本做这项研究。直到今天，日本工业仍然会有一个年度大奖（被称为戴明奖），授予那些在质量上表现出非凡发展的公司。

第二次世界大战之后，戴明被送往日本，指导那儿的人口普查工作。结果他却指导了那儿的日本商人，告诉他们如何把质量融入到制造业，在当时，日本制造业在世界上有一个生产劣质商品的名声。他的秘诀是为了显示所有商业过程都是很脆弱的，由于有了变数，造成了质量上的损失。降低变数；便会提高质量。戴明曾说："如果要我把管理信息缩减到几个字，那我得说一切都跟变数有关。"

戴明所说的方法是建立在我们所知的质量圈（在日本也被叫作戴明圈）。这一术语是指一组工人寻求方法用四个步骤提高他们所负责的工序质量：计划如何去做；完成计划；以所期望的结果来检查变数；采取行动更正变数。把这一系统推广到整个机构，就是我们所知的全面质量管理，这一方法在美国同样被广泛采用，像在日本一样多。

彼得·德鲁克（Peter Drucker）

所有权威中他是最经久不衰，最让人喜爱的。1946年，他出版了《公司的概念》一书，这本书是基于战时他作为通用汽车咨询师的经验而写成的，从这本书一直到2004年他发表在《哈佛商业评论》上，并获得过麦肯锡最佳论文奖的那篇文章("是什么造就了卓有成效的管理者?"),彼得·德鲁克从来都会给管理任务和困难带来启发。

德鲁克第一次世界大战前出生在奥地利,他在20世纪20年代移居英格兰,之后于1937年去了美国,并于2005年在那里去世。他的学术生涯直到第二次世界大战之后才开始。他的兴趣都是兼收并蓄的,他发明了一堆管理理论:"目标管理"、分散化、"结构跟随策略变化"。他1969年创造了"知识型员工"这一用语,但是他的注意力总是在实践上,即如何让企业和他的管理者更有效地开展工作。

然而,德鲁克总是把这一实用性任务放置在一个更广阔的环境中,这就是他经久的魅力。哈佛学者罗沙贝思·莫斯·坎特曾写道:"在德鲁克的视角中……生活的质量、技术进步和世界和平是所有优秀管理的产品……从本质上说,德鲁克是一个管理乌托邦,他的思想来自于罗伯特·欧文,也同样来自于马克斯·韦伯。"

德鲁克认为自己是一个孤独的人,就如同是某个深处管理教育主流之外的人。他曾经说:"我最好在这一领域之外工作,那是我最能发挥成效的地方。我会是一个很差劲的管理者。无可救药了。公司工作简直会让我烦死。"

亨利·法约尔(Henri Fayol)

当美国的制造工序被泰勒主义进行革命性变革时,法国的正被法约尔主义颠覆着。这一方法是由一个名为亨利·法约尔的工程师进行修正的。20世纪时,他拯救了一个身处困境的采矿公司,把它变成了法国最成功的企业之一。法约尔的理论与弗雷德里克·泰勒的理论形成鲜明对比。他寻求的是一般管理原则,这些原则可以广泛应用到各种机构:商业机构、金融部门、甚至是政府。他把管理任务分为四种:计划、组织、协调和指挥与掌控。他的这一方法尤其是因为最后一条"指挥与掌控"而为人所知。

他非常相信专业化和统一指挥的价值:每个雇员都应该只对一个人作出回应。

法约尔在他的祖国法国之外一直不为人所知。但是,在他死后1/4世纪(1949年),他最重要的作品《一般管理和工业管理》于1916年首先以法语版本出版,最后又被翻译成了英语。之后他作为行政管理学院的创始之父的身份而格外具有影响力。直到1993年，他仍作为最受欢迎的管理学作家被列在一份民意调查表上。

苏曼特拉·戈沙尔（Sumantra Ghoshal）

声音柔和，来自加尔各答，物理学家。戈沙尔在印度石油公司（Indian Oil）开始他的事业，公司生活为他后来的管理研究打下了坚实的基础。在哈佛和麻省理工学院拿到博士学位之后，他在欧洲工商管理学院和伦敦商学院工作，2004年55岁时去世。

戈沙尔的影响远远超出了他的著作。在对广泛使用的管理机构模式的批评中，他首次留下了具有影响力的标记。在这种结构中管理者们从两种方向汇报，功用性的和地区性的。1990年他和他最亲密的合作者克里斯托弗·巴特利特写了这样一篇文章，论述说这一双向汇报会导致"冲突和困惑"。在大型跨国公司中，"距离、语言、时间和文化障碍进行隔离，管理者们发现其实要澄清疑惑，解决冲突几乎不可能"。

巴特利特和戈沙尔论述说，公司在开始重新设计他们的肌体机构（报告线路）前，需要改变他们的管理心理（共有的行为模式和信仰）和他们的生理机能（允许信息在机构中四处传播的系统）。他们的工作开启了对机构结构新隐喻的研究：尤其从心理学和生物学借用词汇（比如：公司的DNA；机构的左脑）。

在戈沙尔去世之前，他写了最具争议的一篇论文，文中他提出21世纪初对于公司腐败的那些指责都有可能在商学院的脚下以及他们试图把管理作为科学进行教学的理念中消失。他认为，他们的方法没有给道德观留一点空间，这一观点也为亨利·明茨伯格和沃伦·本尼斯这样的学者所认同。

加里·哈梅尔（Gary Hamel）

哈梅尔之所以有名可能是因为他的核心技能。这一术语已经扩展到了管理词汇领域以外。他是在1990年与印度学者C·K.普拉哈拉德合写的论文中提出这一观点的。他写道，"核心能力是在组织中集体学习，尤其是学习如何协调各项生产技术和整合多种技术团组"。简而言之，就是一个机构专长的那些事情。这一观点与外部采办现象相吻合，通过这种做法，公司把不是他们业务"核心"的工作流程和运营（比如信息技术或记账）转交给他人来做，这样可以把自己解放出来，集中精力做那些自己最擅长的事情。

哈梅尔从传统的精准计划转移到了公司策略上来，他把精准计划看作为时间步步推进的老套办法，跟真正的策略毫无关系。他建议公司确认自己的核心能力，然后围绕自己的知识和技术基础重新创造自己。他把策略看作是革命、巨变的问题。他说，策略上的创新是竞争优势的源泉。

哈梅尔这颗闪亮的星星由于安然的倒闭而变得有些晦暗。安然是他拿来作为策略创新风格的模板。他还赞扬一些日本大公司，而他们的业务模式在20世纪末也严重停滞不前。

迈克尔·哈默（michael Hammer）

哈默是麻省理工学院计算机学教授，他提出了20世纪90年代最重要的观点，企业再造。他给这一术语下定义说，"对企业做必要的重新思考和全面的重新设计过程，在业绩的关键衡量方法上做出突出发展。"

这一观点首次在1990年《哈佛商业评论》上的一篇题为"企业再造工作：不要自动进行，要彻底清除"的文章中提出的。紧接其后的是一本书《企业再造》，是和卡尼指数咨询公司创始人詹姆斯·钱培合著的。这本书的销量达几百万本。哈默划出了一个具有象征意义的转变，传统的机械工程师统治管理思维的时代转变成了拥有电脑技术的电子工程师开始发挥作用的时代。企业再造是一种泰勒主义的更新，用以说明信息技术。

企业再造非常流行，20世纪90年代的一项调查显示，这一思想被80%的《财富》500强公司所采纳。但这一思想也经常受到指责，因为在那个时代，大量的失业成为几乎每个公司工作流程全面再设计的一个部分。

哈默从不重复成功。他建立了自己的咨询企业，用"流程企业"这一思想开展工作。他说，如果你真正想让企业再造成功，你需要一个全新型的组织。

查尔斯·汉迪（Charles Handy）

一个爱尔兰新教徒，他兴趣广泛，从宗教和哲学到工作场所的组织部署都在兴趣范围之内。他生动地使用隐喻和简单易懂的写作风格，创作了广受欢迎的作品，比如《空雨衣》和《管理之神》（书中，他确立了四种管理文化，并把这四种管理文化比作四位希腊之神：阿波罗太阳神、雅典娜智慧之神、狄俄尼索斯酒神和宙斯众神之王）。

汉迪以壳牌石油公司雇员的身份开始了他的事业。他被派到婆罗洲的丛林与那儿的钻探队一起工作。他后来描述他实际的工作生活与他在总部给自己定下的目标：让公司的资产收益最大化。汉迪的著作几乎总是在寻找方法，让公司可以超越纯粹对利润的追求。他们如何才能转变成社区，迅速发展，而不仅仅是要进行买卖的地产？

汉迪的学术事业在他去麻省理工学院斯隆管理学院的时候开始了。在那里，他遇到了沃伦·本尼斯（见上文），他说，本尼斯是他的"教父"。回到英国之后，他帮助建立了伦敦商学院，那时，英国这样的国家根本没有这样的管理教育。学校的教育是基于汉迪在美国所看到的工商管理硕士课程进行的，这一发展后来似乎让他感到遗憾。

罗伯特·卡普兰（Bobert Kaplan）

哈佛大学教授，他提出了两个20世纪后期最有影响力的管理思想：作业成本法和平衡计分卡。两个思想都跟计量方法，即找到更好的公司业绩评估办法有关。作业成本法可以用来代替传统的会计方法，在传统会计法中，间接费用按工作直接成本的比例进行分配。对于那些产品个性化的企业，这不是一个准确的方法。作业成本法旨在通过更准确地分配间接费用，把这种传统方法进一步发展。这种方法流行了一段时间，后来大家逐渐明白理论太简单，实践则不然，远远不像作业成本法那么简单，之后这一方法名声丧失。

平衡计分法的概念是和咨询师戴维·诺顿共同发展出来的。起初，这一思想认为，现行的商业系统无一例外地表示，你所度量的就是你所得到的。如果你仅仅度量金融业绩，那么金融业绩就是人们的目标。平衡计分法是从很多不同角度衡量的，并不仅仅是金融角度，还有比如说，从客户的角度，从公司自己内部角度和从创新和发展角度。公司在未来怎样才能持续创造价值？这一思想吸引着管理者，他们发现传统的业绩衡量办法过度地关注着股东的利益。

尼可罗·马基雅维利（Niccolo Machiavelli）

管理学最有名的一本书的作者，尼可罗·马基雅维利在出版了有名的《君主论》5个世纪后仍然声名不减。在这本不厚的小卷本书里，他勾勒了一个君王周围不可避免地会围绕着人性的恶，为了生存和繁荣发展必须要做那些事情。这本书专注于最伟大的文艺复兴艺术赞助人洛伦佐·德·美第奇，使用诸如亚历山大大帝和德国城邦的例子教给读者如何保持权利的永恒课程。直到今天，仍有公司领导者在枕边放着一本《君主论》。

马基雅维利把领导策略分作有机的三部分，"有些君王，为了稳稳地把城邦掌控在手，会解除臣民的武装；有些君王会让他臣民的城镇处于分裂状态；而有些会培养他们之间的仇恨敌对情绪。"这些观点16世纪20年代首次在佛罗伦萨提出，近些年发展成了关于公司结构的现代理论。

很长一段时间，马基雅维利的建议都会被认为是没有道德和卑劣的阴谋。但是，19世纪60年代，维克多·雨果为他正名。他写道："马基雅维利不是一个邪恶的天才，也不是胆怯的写手。他只是在说事实……不仅是意大利的事实，也是欧洲的事实。"现在我们可以充满信心地加上一句：这也是全球的事实。

亚伯拉罕·马斯洛（Abraham maslow）

马斯洛是在工业领域最有影响力的人类学家。他在成为位于马萨诸塞州波士顿的布兰迪斯大学心理学教授之前，曾住在加拿大阿尔伯塔省的黑脚族印第安人（在那儿，他"发现了跟我们社会几乎相同变化范畴的人性"）中。

马斯洛由于研究出了思考人类激励的框架——需求层次理论而广受欢迎。他认为，我们有五个不同层面的需求，生理需求（饥、渴等）；安全需求（工作稳定、规避风险等）；社会需求（聚会、会面、家庭；尊严需求（也叫做自我需求），比如说自尊、敬重和成就感；还有自我实现。马斯洛把这一需求描述为"如果一个人要达到终极快乐，音乐家必需创作音乐，艺术家必需作画，诗人必需写作。人所能做的，他必须做到。这种需要，我们可以把它叫作自我实现"。

先期的各种需求必须得到满足，然后更高层次的需要才能作为促进因素（尽管饥肠辘辘的诗人形象经常发生，并且并不只是发生在小说里）。任何单一的行动都有可能满足不止一个需求。我们在酒吧喝酒，因为我们渴了，还因为我们想见朋友。

当然，他的理论被应用到了工作场所。这本来不是马斯洛的初衷，但是管理者很快就发现了这一理论跟薪酬包之间的关联性。

道格拉斯·麦格雷戈（Douglas McGregor）

通过培训，麦格雷戈成为了一名社会心理学家，他的一生（他1964年去世，享年58岁）不是很长，他的大部分时间都是在哈佛和麻省理工学院做学者度过的。但是1993年，他与法国人亨利·法约尔一起被列入最受欢迎的管理学作家之列。他的教学风格颇有吸引力，学生都很喜欢。

麦格雷戈是对弗雷德里克·泰勒科学管理的机械思考进行有效平衡的第一人。他最有影响的观点是在他1960年出版的《企业的人性面》一书中提出的。在这本书里，他论辩说，有两种本质不同的管理风格。一种他称为 X 理论，这是一种权利主义的风格，主张管理"必须对抗人类内在的躲避工作的趋势"。另一种是 Y 理论，"认为在实现机构目标的过程中，人们会练习自我指导和自我控制，人们会为了这些目标，全身心投入"。管理的任务是把这一投入和贡献最大化。

麦格雷戈力劝公司采纳 Y 理论。他认为，只有这样才能在管理的最高层次中激发潜能。他的思想在今天以团队为基础的管理风格中广为传播。但是麦格雷戈的二分理论也遭到了批评（亚伯拉罕·马斯洛也在其中），理由是对社会中需要指导的弱势成员太粗暴。并不是每个人都会足够自我控制，自我激发，在理论 Y 的环境中，茁壮成长。

在他去世前，麦格雷戈正在研究他称为 Z 理论的学说。这一理论给出了答案，回应对 X 和 Y 了理论的批评。

亨利·明茨伯格（Henry Mintzberg）

风格一贯叛逆的加拿大学者，他有时看似在破坏他身处其中的这个产业。1973年，明茨伯格在《哈佛商业评论》上发表了一篇名为"管理者的工作：传说与事实"的文章，这篇文章颇显才华，他因而有了名声。他研究了不同工业部门的许多管理者每天都在干什么。他发现，"他（管理者）从一个主题跳到另一个主题，在不断的打扰中成长起来，经常是用十分钟或更短的时间处理每一项事情。虽然他有可能有 50 个项目在进行，但是所有都有授权代表。"一个英国管理者的样板显示，能工作半个小时而没有打扰，这样的情况"每两天只有一次"。

明茨伯格总结说，要成为优秀的管理者，你必须学会成为一个好的倾听者。

在 2004 年出版的《管理者而非 MBA》中，明茨伯格论证说，很多学校的 MBA 这种维持生计的课程只是快速进入管理事业的必要条件，这类课程"不会为人们准备任何管理的东西"。他说，综合，而不是分解，"是管理的精髓"。而 MBA 课程只是在教授分解。失败的领导者比如福特的罗伯特·麦克纳马拉和安然的杰弗里·斯基林，他们在哈佛商学院几乎是名列前茅，是 MBA 的明星学生和优秀的分析家。然而，这些并不足以帮助他们变成卓越的管理者或领导者，因为这些没能帮助他们成为很好的倾听者。

大前研一（Kenichi Ohmae）

唯一一位来自日本的高层次管理学权威。研一在麻省理工学院接受培训成为了核物理学家，他是麦肯锡东京办公室的主管领导，任职期间，他于 1985 年发表了最有名的著作《三种力量》。在跨国公司迅速在世界各地扩展他们的经营业务的时代，他论证说，他们需要在三大主要经济联盟中处于强势地位—欧洲，北美和环太平洋带，即"三大力量"。如果他们要竞争，并立于不败之地，就必须在这些地区处于强势。

在传播日本公司和与之类似的西方公司之间的最主要差别就是他们的时间框架。这一思想方面，研一也颇具影响力。日本公司关注的是长期利益，而西方公司，由于被股票市场的需求所驱动，更关注短期利益。他论证说，这一短期注意力使得西方公司对他们的客户关注很少。

研一的兴趣很广。他是卓有成就的单簧管演奏家，曾经信心十足地去参加东京市长官的竞选。他说他的主要兴趣是"社会、社会系统和全球范围内的公司作业"。

研一的书充满了日本的例子，这些例子有助于西方读者熟悉日本在管理方面的突破。比如说，准时制在东京的引入。研一说，这一制度的产生是因为一名叫大野耐一的工人总是在问为什么公司需要（大笔支出用于）在生产线上堆积大量的零部件。

汤姆·彼得斯（Tom Peters）

汤姆·彼得斯是一本 20 年来始终处于商业畅销书的联合作者。《追求卓越》是他和他在麦肯锡的同伴，咨询师罗伯特·

沃特曼合写的，1982年首先在美国出版，销售量达几百万本。这本书成功的部分原因在于抓住了时代的精神。由于日本制造业明显的优越感，美国公司有了挫败感，因此需要给大家一个提醒，在美国本土，仍然有优秀的企业。

彼得斯和沃特曼从平均来说20年时间里表现优异的《财富》500强的公司中确定了43家美国公司。然后他们找出了这些公司所拥有的许多共同点，其中包括作业偏见，坚持他们的方法和跟客户保持密切关系。

这本书出版之后，两位作者各自走上了自己的发展道路。彼得斯成为商业领域中的一名精力充沛、饶有趣味的演说家，每次出场可以收入几十万美元，而孤僻害羞的沃特曼建立了自己的咨询公司。他们再也没有一同写过书，但是两个人都各自写过自己的著作。1987年，彼得斯在《乱中取胜》一书中以令人印象深刻的语句开头："没有卓越的公司"。

彼得斯后来的工作重点是喧嚣世界中管理的不断变化。他的书不断转向低端市场。《重新想象》2003年由多林·金德斯利出版，这一出版商以其艺术作品而著名，那种艺术作品包含有很多的工具条，惊叹号，还有很多诸如跳蛙一类东西的图片。

迈克尔·波特（Michael Porter）

迈克尔·波特对商人所理解的竞争方式进行了重新定义。他从简化竞争力优势的理念开始，然后创造了一个新的框架，让公司去思考如何实现这些目标。

他写道：竞争力优势是"一种功能，或者比竞争对手更加高效地提供买方价值（低成本），或者以类似成本进行作业，但是是以比竞争对手更为独特的方式创造买方价值，由此掌控优惠价格（差异化）"

波特认为，有五种力量驱动商业竞争：
- 现存的公司间竞争；
- 新入市场一方的威胁；
- 替代产品和服务的威胁；
- 供货商的交易能力；
- 买方交易能力。

像弗雷德里克·泰勒以后的很多顶尖的管理思想家一样，波特首先接受的也是工程师的培训教育。但是在获得经济学博士学位之后，他成为了哈佛商学院的教授，他自己的策略与竞争力研究所现在也在校园里建立了起来。

在《竞争力优势》（1985年）一书中，波特引入了价值链的思想，这一观点在之后的策略思考中影响很大。他创造了一个模板，公司是构架成了价值创造活动的一根链子。这根链子被分为五大重要联系：原料物流、营运、成品物流、营销与销售和服务。

在他新近的工作中，波特开始把他关于竞争的思想应用到社会问题上，其中论述了关于医疗和公司社会责任的问题。2000年他被授予哈佛大学教授职衔，对他不断拓宽的兴趣给予认可，在哈佛商学院的教职员工中，他是第四位有此殊荣的人。

弗雷德里克·温斯洛·泰勒（Frederick Winslow Taylor）

用彼得·德鲁克的话说，泰勒是一个真正的开拓者，"是历史上首位不把工作想当然，而是观察和研究工作的人。他的工作方法仍然是基础，是基石"。泰勒接受的是工程师的教育，但是之后，19世纪晚期，他是以费城米德维尔钢铁公司管理者的身份开展工作的。在那里他喜欢拿着秒表和记事本四处走动，把各项人工任务分解成一系列组成部分，由此来衡量工人的生产率。从这里产生了计件工作的思想。

泰勒的第一本书《计件工资制》1895年出版。之后，《科学管理原理》于1911年出版，这本书使他成为第一本商业畅销书的作者。他的影响力扩展到了意想不到的领域。列宁曾经鼓励苏维埃的工人"尝试泰勒系统的每一个科学的、进步的建议。"之后由于未能实现泰勒式的各项生产目标，很多苏维埃工人被送进了劳改监狱。

科学管理有时也被称作"泰勒主义"。今天，科学管理经常被看作是代表了工业化非人性的一面，在努力寻找最佳方式的时候，没有给人类本性的微妙差异留有任何空间。

孙子（SunTzu）

孙子，一位终极军事策略家。他生活在2,400年前的中国，是一位将军。如果不是他把自己的思想留在了书简（仅仅是有25页的文章）上，他的胜利，跟其他军事领导者相比，就不会经常被回忆起来。这本书在汉语原文中，被称作孙子兵法，而今天《战术》是更为人所知的名字。

《战术》包含的智慧很多都可以和今天相关联。比如说，孙子问："（故善用兵者，屈人之兵而非战也）在你可以通过秘密行动或是诡计欺诈取得胜利时为什么非要毁灭？"它的策略的本质有点像柔道：暗中破坏敌人，用他自己的冲力对抗他自己。

加里·哈梅尔（见上文）为孙子恢复了他原有的地位。他写道："策略不是由伊格尔·安索夫开始的，也不是由马基雅维利开始的，甚至更不可能由孙子开始。策略和人类冲突一样古老。"然而，《战术》对于东方人来说几乎是必读书作。孙子对西方商业人士的建议很可能是："要战胜你的敌人，首先要知道他们的策略，或者至少知道他们的这些策略是从哪儿得来的（故为兵之事，在顺详敌之意，并敌一向，千里杀将，是谓巧能成事者也）"。

部分管理风格

例外管理 ——仅仅密切关注那些大大偏离我们预期标准的大事件;比如说,销售额的减少超出特定比例;或者付款超出规定时日。

目标管理 ——用来描述一种管理制度,据此,雇员与管理者就目标是什么达成一致,然后与管理者一同朝着目标迈进。

四处转转管理法 ——最有名的代表是惠普电脑公司。四处转转这种管理方式意在强调面对面接触的重要性。

管理网格 ——是一种通过绘制"关注结果"相对于"关注人员"来分类管理风格的方法。每一种在 1—9 的标尺上占有一个刻度。比如:

1,1 无劲头风格 ——只关注用最少的努力完成必要的工作

9,1 科学管理风格 ——注意力集中在最大限度发挥效率

5,5 中庸风格 ——目标是得到合理结果,让成员适度快乐

9,9 团队管理风格 ——所有人共同努力,从自身和他人那儿得到最好结果。

古老证券交易所之最

交易所	城市	创建年代
阿姆斯特丹证券交易所	阿姆斯特丹	1602
巴黎证券交易所	巴黎	1724
费城证券交易所	费城	1790
伦敦证券交易所	伦敦	1801*
米兰证券交易所	米兰	1808
纽约证券交易所	纽约	1817†
法兰克福证券交易所	法兰克福	1820‡
马德里证券交易所	马德里	1831
多伦多证券交易所	多伦多	1861
澳大利亚证券交易所	悉尼	1872
孟买证券交易所	孟买	1875
苏黎世证券交易所	苏黎世	1877
东京证券交易所	东京	1878
芝加哥证券交易所	芝加哥	1882
太平洋证券交易所	旧金山	1882
约翰内斯堡证券交易所	约翰内斯堡	1887
圣保罗证券交易所	圣保罗	1890
香港证券交易所	香港	1891
开罗证券交易所	开罗	1903
伊斯坦布尔证券交易所	伊斯坦布尔	1929**
布宜诺斯艾利斯证券交易所	布宜诺斯艾利斯	1929
纳斯达克	美国	1971
新加坡证券交易所	新加坡	1973

* 在此之前在乔纳森咖啡馆成立,记录始于 1698。
† 在此之前是《梧桐树协议》,签署于 1792 年。
‡ 第一支股票进行交易;从 18 世纪晚期起就以债券交易所形式存在。
** 最初是伊斯坦布尔有价证券和外汇交易所。
注释:阿姆斯特丹并不是唯一一个宣称自己是最古老的证券交易所,但是它可能是首先成立的证券交易所。
资料来源:证券交易所;www.interactivebrokers.com。

主要证券市场

市场资本量总额（2008年，十亿美元）		交易价值总额（2008年，十亿美元）	
美国	11,738	美国	36,467
日本	3,220	英国	6,587
中国	2,794	日本	5,879
英国	1,852	中国	5,471
法国	1,492	法国	3,265
中国香港	1,329	德国	3,105
俄罗斯	1,322	西班牙	2,440
德国	1,108	加拿大	1,771
加拿大	1,002	中国香港	1,626
西班牙	946	瑞士	1,505
瑞士	863	韩国	1,466
澳大利亚	676	荷兰	1,143
印度	645	印度	1,050
巴西	589	澳大利亚	1,018
意大利	521	中国台湾	944
韩国	495	巴西	728
南非	491	意大利	669
荷兰	388	瑞典	642
中国台湾	381	俄罗斯	562
瑞典	253	沙特阿拉伯	525
沙特阿拉伯	246	南非	401
墨西哥	233	芬兰	390
马来西亚	187	挪威	368
新加坡	180	新加坡	271
比利时	167	土耳其	240
芬兰	154	丹麦	213
以色列	134	比利时	212
智利	132	阿拉伯联合酋长国	145
丹麦	132	科威特	123
挪威	126	泰国	117
土耳其	118	印度尼西亚	111
科威特	107	以色列	109
泰国	103	墨西哥	108
印度尼西亚	99	奥地利	105
阿拉伯联合酋长国	98	马来西亚	85
希腊	90	葡萄牙	83
波兰	90	埃及	70
哥伦比亚	87	波兰	68

				续表
埃及	86	巴基斯坦	54
卡塔尔	76	卡塔尔	48

资料来源:标准普尔。

国内公司上市总数

2008年

美国	5,603	南非	425
印度	4,921	蒙古	420
加拿大	3,755	印度尼西亚	396
西班牙	3,536	克罗地亚	376
日本	3,299	埃及	373
英国	2,415	伊朗	356
澳大利亚	1,924	波兰	349
罗马尼亚	1,824	瑞典	341
韩国	1,798	保加利亚	334
中国	1,604	俄罗斯	314
中国台湾	1,260	意大利	294
中国香港	1,251	孟加拉国	290
马来西亚	977	土耳其	284
法国	966	希腊	280
巴基斯坦	653	约旦	262
德国	638	瑞士	253
以色列	630	乌克兰	251
泰国	476	菲律宾	244
新加坡	455	智利	235
巴西	432	斯里兰卡	234

资料来源:标准普尔。

各地区市场资本量总额(万亿美元)

	1990	1995	2000	2005	2006	2007	2008
美洲	3.4	7.6	16.5	19.5	22.7	24.3	13.9
欧洲,非洲和中东	2.0	4.4	9.6	12.1	16.2	18.6	9.4
亚洲—太平洋	3.5	5.1	4.9	9.3	11.8	17.9	9.2
世界总额	8.9	17.1	31.0	40.9	50.7	60.9	32.6

资料来源:世界证券交易所联合会(World Federation of Exchange)。

部分证券市场指数释义

澳大利亚普通股票指数

澳大利亚普通股票指数包括近500家公司，代表澳大利亚市场资金总量的95%。组成成员每年进行审核。1979年12月31日起基准数是500。

孟买证券交易所基准敏感指数

1875年股票开始在孟买交易，但是1986年基准敏感指数才得以创立。这一指数包括30只股票，代表12个产业部门中具有实力的大公司。这一指数是以1978—1979年作为基准期，以此价值平均值为基准定为100。

法国巴黎CAC40指数

CAC40指数是法国巴黎证券交易所的基准指数。CAC代表"不间断计算机辅助行情报价"。这一指数包括巴黎证券交易所的40家最大公司，1987年12月31日开始发布，使用1,000基准值。这一指数每季度进行审核。

德国法兰克福DAX30指数

DAX30包括德国最大最具流通性的30家上市公司。该指数基准值是1,000，从1987年12月31日开始发布。DAX指数不像其他证券指数，它包括红利计算，因此是对总收益而并非仅仅针对价格涨跌的衡量。

道琼斯欧洲50指数

欧洲50指数包括12个欧元区国家50家最大蓝筹股公司，在欧元区自由浮动市场资本总额中代表近60%的市值。这些成员公司在每年9月审核一次，但是个体加权每季度计算一次。该指数基准值是1,000，1991年12月31日开始发布。

道琼斯工业平均指数

道琼斯公司从1986年5月26日起，开始跟踪12家工业公司股票价格，现在已经包括了30只股票。这些股票并不一定都属于工业领域。这一指数属于价格加权指数，而不是像大多数重要股票指数属于市场总资本加权,也不像大多数其他指数,该指数的组成公司不定期变化,且变化很少,变化并不是基于具体标准,而是基于《华尔街日报》编辑们的判断。这一指数是在出版物、电视和互联网媒体中引用最多的证券市场指数。

富时精算全股指数和富时 100 指数

富时(FTSE)指数的名字来自于"金融时报证券交易所"指数的首字母缩略词。全股指数首先于 1962 年开始计算。紧跟其后的富时 100 指数于 1984 年 1 月 3 日开始发布,基准值为 1,000。该指数包括在伦敦证券交易所上市、市场资金总额前 100 位的公司,并每季度审核一次。富时 250 于 1985 年创立,代表没有被富时 100 涵盖,资金总额中等水平的英国公司,这一指数近些年来越来越受到欢迎。

恒生指数

恒生指数的名字来自于香港的恒生银行,这一指数于 1969 年创立,比较好的是,"恒生"在汉语里的意思是"生生不息,不断成长"。这一指数包括从四个产业集团中选取的 42 家最大公司,约占香港证券市场价值的 70%,其基准值为 100,与 1964 年 8 月的值相一致。

IGBM 马德里指数

IGBM 马德里指数是西班牙的主要指数,包括 125 家公司,每年审核一次。该指数基准期为 1985 年 12 月 31 日,其基准值为 100。

MSCI 新兴市场自由指数

MSCI 新兴市场指数衡量的是最受欢迎的新兴市场的证券市场业绩。该指数目前在跟踪 22 个新兴市场国家和地区的市场,其中包括:巴西、智利、中国、哥伦比亚、捷克共和国、埃及、匈牙利、印度、印度尼西亚、以色列、马来西亚、墨西哥、摩洛哥、秘鲁、菲律宾、波兰、俄罗斯、南非、韩国、中国台湾、泰国和土耳其。它一般以美元报价。

纳斯达克 100 指数

纳斯达克是"全美证券交易商协会自动报价"系统的首字

母缩略词。纳斯达克100跟踪的是在纳斯达克交易系统中进行交易的前100位公司的业绩。纳斯达克由技术公司掌控，因此纳斯达克100的业绩被当作信息技术产业的晴雨表而受到密切关注。

日经225指数

日经225指数是日本最受关注的证券指数，由商业日报《日本经济新闻》发布。这一指数衡量的是东京证券交易所的前225位公司股票的业绩。该指数建立于1950年9月7日，但是基准值为100，始于1949年5月16日，与道琼斯工业平均指数相似，这一指数也是价格指数，每年至少审核一次，但是每年最多会更换6只股票。

上海证券交易所A股指数

尽管上海股票交易可以追溯到19世纪60年代，但是现今的股票交易所直到1990年才开盘。A股只有中国投资商才可以购买，因此这一指数的业绩反映的是当地投资情况。在上海交易所注册上市的有850多家公司。这一指数的基期是1990年12月19日，基准值是100。

标准普尔500指数

标准普尔是一家信用评级机构和证券研究提供商，标准普尔500指数于1957年创立，然而，其基准值10代表的是1941年至1943年其成员的平均值。这一指数的设计以市场资金总额为参照标准，反映的是美国最大公司的业绩，但是由于成员的数量，它在很大程度上反映的是整个市场。该指数至少每月审核一次。

标准普尔/多伦多证券交易所综合指数

标准普尔/多伦多证券交易所综合指数是加拿大的基准指数。这一指数包括在多伦多交易所中上市的200多家最大公司，约占其市场资金总额的95%。这一指数1977年1月发布，其基准值为1,000，以1975年为基期，每季度审核一次。

东证股价指数

日本的东证股价指数与日经225指数相比，是更加广泛的股票指数，它包括在东京交易所上市的所有大公司的股票（目前大约为 1700 支）。该指数由市场资金总额加权，其成员每年审核一次，其基准值为 100，与 1964 年 1 月 8 日相对应。

股市股市业绩

股市业绩

年尾	英国 富时全股 指数	变化百分比	英国 富时100 指数	变化百分比	美国 标普500 指数	变化百分比	美国 道琼斯 指数	变化百分比	美国 纳斯达克 指数	变化百分比	日本 日经指数225 指数	变化百分比
1980	292	27	647	27	135.8	26	964	15			7,063	8
1981	313	7	684	6	122.6	-10	875	-9			7,682	9
1982	382	22	834	22	140.6	15	1,047	20			8,017	4
1983	471	23	1,000	20	164.9	17	1,259	20			9,894	23
1984	593	26	1,232	23	167.2	1	1,212	-4	133.1		11,543	17
1985	683	15	1,413	15	211.3	26	1,547	28	108.6	-18	13,083	13
1986	836	22	1,679	19	242.2	15	1,896	23	132.3	22	18,821	44
1987	870	4	1,713	2	247.1	2	1,939	2	141.4	7	21,564	15
1988	927	6	1,793	5	277.7	12	2,169	12	156.3	11	30,159	40
1989	1,205	30	2,423	35	353.4	27	2,753	27	177.4	13	38,916	29
1990	1,032	-14	2,144	-12	330.2	-7	2,634	-4	223.8	26	23,849	-39
1991	1,188	15	2,493	16	417.1	26	3,169	20	199.4	-11	22,984	-4
1992	1,364	15	2,847	14	435.7	4	3,301	4	326.7	64	16,925	-26
1993	1,684	23	3,418	20	466.5	7	3,754	14	360.2	10	17,417	3
1994	1,521	-10	3,066	-10	459.3	-2	3,834	2	398.3	11	19,723	13
									404.3	2		

续表

年										
1995	1,803	19	3,689	20	615.9	34	5,117	33	576.2	43	19,868	1
1996	2,014	12	4,119	12	740.7	20	6,448	26	821.4	43	19,361	-3
1997	2,411	20	5,136	25	970.4	31	7,908	23	990.8	21	15,259	-21
1998	2,674	11	5,883	15	1,229.2	27	9,181	16	1,836.0	85	13,842	-9
1999	3,242	21	6,930	18	1,469.3	20	11,497	25	3,707.8	102	18,934	37
2000	2,984	-8	6,223	-10	1,320.3	-10	10,787	-6	2,341.7	-37	13,786	-27
2001	2,524	-15	5,217	-16	1,148.1	-13	10,022	-7	1,577.1	-33	10,543	-24
2002	1,894	-25	3,940	-24	879.8	-23	8,342	-17	984.4	-38	8,579	-19
2003	2,207	17	4,477	14	1,111.9	26	10,454	25	1,467.9	49	10,677	24
2004	2,411	9	4,814	8	1,211.9	9	10,783	3	1,621.1	10	11,489	8
2005	2,847	18	5,619	17	1,248.3	3	10,718	-1	1,645.2	1	16,111	40
2006	3,221	13	6,221	11	1,418.3	14	12,463	16	1,756.9	7	17,226	7
2007	3,287	2	6,457	4	1,468.4	4	13,265	6	2,084.9	19	15,308	-11
2008	2,209	-33	4,434	-31	903.3	-38	8,776	-34	1,211.7	-42	8,860	-42
复合增长:		7		7		7		8		9		1
平均变化:		9		9		9		10		15		4
标准差:		16		16		17		16		16		23

股市业绩（续）

年尾	香港 恒生 指数	变化 百分比	加拿大 标普/多伦多60 指数	变化 百分比	德国 法兰克福 指数	DAX30 变化 百分比	法国 CAC40 指数	变化 百分比	新兴市场 摩根士丹利国际 资本新兴市场 指数	变化 百分比	世界 富时世界 指数	变化 百分比
1980	1,474	68	113.9	25	481	-3						
1981	1,406	-5	98.1	-14	490	2						
1982	784	-44	99.7	2	553	13						
1983	875	12	127.2	28	774	40						
1984	1,200	37	120.4	-5	821	6						
1985	1,726	44	143.8	19	1,366	66						
1986	2,568	49	147.0	2	1,432	5				100.0	
1987	2,303	-10	156.9	7	1,000	-30	1,000				99.1	-1
1988	2,687	17	167.5	7	1,328	33	1,580	58	134.9	35	123.2	24
1989	2,837	6	198.0	18	1,790	35	2,001	27	214.7	59	151.3	23
1990	3,025	7	168.4	-15	1,398	-22	1,518	-24	185.2	-14	115.6	-24
1991	4,297	42	184.4	9	1,578	13	1,766	16	288.8	56	132.3	14
1992	5,512	28	175.1	-5	1,545	-2	1,858	5	314.9	9	127.4	-4

续表

1993	11,888	116	221.5	27	2,267	47	2,268	22	539.3	71	149.9	18
1994	8,191	-31	221.8	0	2,107	-7	1,881	-17	492.6	-9	146.7	-2
1995	10,073	23	250.5	13	2,254	7	1,872	0	458.4	-7	170.1	16
1996	13,451	34	321.6	28	2,889	28	2,316	24	476.3	4	194.2	14
1997	10,723	-20	378.1	18	4,250	47	2,999	30	412.5	-13	231.6	19
1998	10,049	-6	376.0	-1	5,002	18	3,943	31	299.0	-28	272.7	18
1999	16,692	66	495.9	32	6,958	39	5,958	51	489.4	64	344.7	26
2000	15,096	-10	528.7	7	6,434	-8	5,926	-1	333.8	-32	314.0	-9
2001	11,397	-25	442.6	-16	5,160	-20	4,625	-22	317.4	-5	267.2	-15
2002	9,321	-18	373.2	-16	2,893	-44	3,064	-34	292.1	-8	201.6	-25
2003	12,576	35	458.7	23	3,965	37	3,558	16	442.8	52	247.9	23
2004	14,230	13	511.9	12	4,256	7	3,821	7	542.2	22	272.7	10
2005	14,876	5	634.7	24	5,408	27	4,715	23	706.5	30	312.8	15
2006	19,965	34	742.8	17	6,597	22	5,542	18	912.7	29	357.9	14
2007	17,813	39	808.5	9	8,067	22	5,614	1	1,245.6	36	374.4	5
2008	14,387	-48	541.8	-33	4,810	-40	3,218	-43	567.0	-54	224.6	-40
复合增长:		8		6		9		6		9		4
平均变化:		16		8		12		9		14		5
标准差:		36		16		27		26		35		18

资料来源：汤森路透。

（续）绩市股业

股市：佳时与难时

摩根士丹利国际资本世界指数

佳时日期	收盘	变化，点数	变化百分比	难时日期	收盘	变化，点数	变化百分比
2008年10月13日	997.02	86.69	9.52	2008年10月19日	421.28	-46.00	-9.84
1987年10月21日	418.89	32.47	8.40	1987年10月20日	386.42	-34.87	-8.28
2008年10月28日	892.19	58.15	6.97	2008年10月15日	950.36	-72.23	-7.06
2008年11月24日	849.29	54.45	6.85	2008年12月01日	830.33	-62.60	-7.01
2008年09月19日	296.44	69.67	5.73	2008年09月29日	1,163.53	-86.84	-6.94
2008年12月08日	894.89	46.49	5.48	2008年10月22日	909.84	-62.28	-6.41
2009年03月10日	725.26	36.62	5.32	2008年11月20日	771.52	-50.11	-6.10
2009年03月23日	830.16	40.22	5.09	1987年10月26日	378.35	-24.05	-5.98
2002年07月29日	821.13	39.08	5.00	2008年11月06日	925.09	-57.89	-5.89
1991年01月17日	460.54	21.45	4.88	2008年10月06日	1,072.99	-65.68	-5.77

摩根士丹利国际资本世界指数

佳时日期	收盘	变化,点数	变化百分比	难时日期	收盘	变化,点数	变化百分比
1933	22.29	9.02	68.02	2008	920.23	-668.58	-42.08
1986	356.83	100.31	39.11	1931	13.48	-9.40	-41.08
1954	38.25	10.60	38.33	1920	14.98	-6.51	-30.28
1985	256.51	69.31	37.02	1974	78.24	-30.17	-27.83
2003	1,036.32	244.10	30.81	1930	22.89	-7.63	-25.00
1958	52.34	12.06	29.95	1946	22.73	-6.22	-21.47
1975	100.86	22.63	28.92	2002	792.22	-211.30	-21.06
1959	66.73	14.39	27.49	1990	461.53	-105.81	-18.65
1999	1,420.88	270.93	23.56	2001	1,003.52	-217.73	-17.83
1998	1,149.95	213.36	22.78	1937	24.81	-5.13	-17.13

时难与可佳…市股

美国标准普尔500指数

佳时日期	收盘	变化, 点数	变化百分比	难时日期	收盘	变化, 点数	变化百分比
1933年03月15日	6.81	0.97	16.60	1987年10月19日	224.84	-57.86	-20.47
1929年10月31日	22.99	2.56	12.53	1929年10月28日	22.74	-3.20	-12.34
1931年10月06日	9.91	1.10	12.43	1929年10月29日	20.43	-2.31	-10.16
1932年09月21日	8.51	0.89	11.74	1929年11月06日	20.61	-2.19	-9.61
2008年10月13日	1,003.35	104.13	11.58	1937年10月18日	10.76	-1.11	-9.34
2008年10月28日	940.51	91.59	10.79	2008年10月15日	907.84	-90.17	-9.03
1939年09月05日	12.64	1.11	9.61	1933年07月20日	10.57	-1.03	-8.90
1933年04月20日	7.82	0.68	9.52	2008年12月01日	816.21	-80.03	-8.93
1987年10月21日	258.38	21.55	9.10	2008年09月29日	1,106.39	-106.62	-8.79
1929年11月14日	19.24	1.58	8.95	1933年07月21日	9.65	-0.92	-8.70

美国标准普尔 500 指数

佳时日期	收盘	变化, 点数	变化百分比	难时日期	收盘	变化, 点数	变化百分比
1862	2.63	0.94	55.36	1931	8.12	-7.22	-47.04
1933	10.10	3.21	46.62	1937	10.54	-6.64	-38.64
1954	35.39	11.17	45.03	2008	903.25	-565.10	-38.49
1843	2.33	0.72	45.02	1907	6.57	-3.27	-33.23
1879	4.92	1.48	42.96	1857	1.48	-0.67	-30.99
1935	13.44	3.94	41.51	1917	6.80	-3.00	-30.61
1958	55.21	15.22	38.06	1854	2.03	-0.88	-30.21
1863	3.63	1.00	38.01	1974	68.56	-28.99	-29.72
1928	24.35	6.69	37.88	1930	15.34	-6.11	-28.48
1908	9.03	2.46	37.44	1920	6.81	-2.21	-24.51

注释：以上计算是基于1800–1917年间每月数据；1918—1927年间每周数据；1928年以来每日数据。

股市…佳时与难时

时难与时佳……市股

富时 30 工业股票指数

佳时日期	收盘	变化, 点数	变化百分比	难时日期	收盘	变化, 点数	变化百分比
1931年09月23日	56.89	6.46	12.81	1987年10月20日	951.95	-120.45	-11.23
2008年11月24日	4,152.96	372.00	8.26	1987年10月19日	1,072.40	-117.52	-9.88
1975年01月24日	91.29	7.81	9.36	2008年10月10日	3,932.06	-381.74	-7.16
2008年09月19日	5,311.33	431.34	1.92	2008年10月06日	4,589.19	-391.06	-5.19
1975年02月10日	117.53	9.31	8.60	1974年03月01日	138.40	-10.87	-7.28
1938年09月29日	79.90	6.20	8.41	2008年10月15日	4,079.59	-314.62	-5.30
2008年10月13日	4,256.90	324.84	9.84	1987年10月26日	863.73	-66.60	-7.16
2008年10月29日	4,242.54	316.16	8.84	1962年05月29日	261.30	-18.00	-6.44
1975年01月30日	106.22	7.13	7.20	1975年01月02日	62.60	-4.29	-6.41
1975年02月07日	108.22	6.36	6.24	1975年01月31日	236.90	-15.40	-6.10

富时全股指数

佳时日期	收盘	变化, 点数	变化百分比	难时日期	收盘	变化, 点数	变化百分比
1975	158.08	91.19	136.33	1974	66.89	-82.87	-55.34
1824	45.53	21.65	90.67	1721	20.42	-10.11	-33.12
1959	106.93	32.36	43.39	2008	903.25	-565.10	-32.78
1971	193.39	57.13	41.93	1973	149.76	-68.42	-31.36
1977	214.53	62.57	41.18	2002	1,893.73	-630.15	-24.97
1968	168.60	46.42	37.99	1705	13.51	-4.20	-23.72
1954	62.66	16.07	34.48	1931	21.83	-6.69	-23.46
1958	74.57	18.59	33.20	1825	35.17	-10.35	-22.74
1817	19.13	4.71	32.62	1866	20.89	-6.04	-22.42
1967	122.18	29.70	32.12	1803	16.60	-4.66	-21.92

股市：佳时与难时

日本东京股票价格指数

佳时日期	收盘	变化，点数	变化百分比	难时日期	收盘	变化，点数	变化百分比
2008年10月14日	956.30	115.44	13.73	1987年10月20日	1,793.90	-307.27	-14.62
1990年10月02日	1,668.83	145.40	9.54	2008年10月16日	864.52	-90.99	-9.52
1987年10月21日	1,962.41	168.51	9.39	1953年03月05日	32.32	-3.10	-8.75
2008年10月30日	899.37	69.05	8.32	2008年10月08日	899.01	-78.60	-8.04
1992年08月21日	1,251.70	87.93	7.56	2008年10月24日	806.11	-65.59	-7.52
1992年04月10日	1,282.56	86.37	7.22	1970年04月03日	159.33	-12.86	-7.47
1997年11月17日	1,257.85	80.33	6.82	2008年10月27日	746.46	-59.65	-7.40
1994年01月31日	1,629.22	101.40	6.64	1990年04月02日	2,069.33	-158.15	-7.10
1988年01月06日	1,820.03	112.14	6.57	2008年10月10日	840.86	-64.25	-7.10
1953年04月16日	32.79	1.97	6.39	2008年10月22日	889.23	-67.41	-7.05

日本东京股票价格指数

佳时日期	收盘	变化, 点数	变化百分比	难时日期	收盘	变化, 点数	变化百分比
1952	32.20	17.46	118.38	1920	2.44	-2.33	-48.83
1972	401.70	202.25	101.40	2008	859.24	-616.44	-41.77
1932	2.69	1.25	86.31	1990	1,733.83	-1,147.54	-39.83
1948	6.47	2.98	85.28	1946	2.55	-1.05	-29.13
1951	14.75	5.70	62.95	2000	1,283.67	-438.53	-25.46
1999	1,722.20	635.21	58.44	1992	1,307.66	-407.02	-23.74
1915	2.85	0.98	52.01	1973	306.44	-95.26	-23.71
1949	9.76	3.29	50.89	1930	1.49	-0.40	-21.09
1986	1,556.37	506.97	48.31	1997	1,175.03	-295.91	-20.12
2005	1,649.76	500.13	43.50	2001	1,032.14	-251.53	-19.59

资料来源：全球金融数据（www.globalfinancialdata.com）；《经济学人》。

股市：佳时与难时

证券交易所交易活动

国内交易易流通速度占市场资本量 %，2008 年

交易所	%	交易所	%	交易所	%	交易所	%
纳斯达克	1,026	纳斯达克北欧交易所	138	美国交易所	75	佳斯达克	44
德国证券交易所	264	伊斯坦布尔交易所	135	巴西交易所	67	马来西亚交易所	36
纽约证券泛欧交易所（美国）	240	大阪交易所	134	埃及交易所	66	墨西哥交易所	30
深圳证券交易所	236	瑞士苏黎世交易所	122	印度尼西亚交易所	66	孟买交易所	29
韩国交易所	196	上海交易所	118	维也纳交易所	64	德黑兰交易所	26
意大利交易所	182	澳大利亚交易所	113	新加坡交易所	64	菲律宾交易所	24
西班牙马德里交易所	171	多伦多交易所	104	约翰内斯堡交易所	63	圣地亚哥交易所	20
伦敦交易所	153	布达佩斯交易所	95	雅典交易所	61	哥伦比亚交易所	19
东京证券交易所集团	151	香港交易所	86	阿曼交易所	59	科伦坡交易所	14
台湾证券交易所公司	146	爱尔兰交易所	81	特拉维夫交易所	55	塞浦路斯交易所	14
奥斯陆证券交易所	143	印度国家证券交易所	76	新西兰交易所	46	卢布尔雅那交易所	12
纽约证券泛欧交易所（欧洲）	142			华沙交易所	44	利马交易所	9

资料来源：世界证券交易所联合会。

股市时间显示

夏令时因素：1月格林威治时间 +/−

股市开盘时：当地开盘时间

	−5	−2	+0	+1	+5.5	+8	+8	+9	+11
	纽约	圣保罗时间是	伦敦	法兰克福	孟买	新加坡	在香港时间是	东京	悉尼
纽约	9:30	12:30	14:30	15:30	20:00	22:30	22:30	23:30	1:30
圣保罗	11:00	11:00	13:00	14:00	18:30	21:00	21:00	22:00	0:00
伦敦	8:00	6:00	8:00	9:00	13:30	16:00	16:00	17:00	19:00
法兰克福	9:00	6:00	8:00	9:00	13:30	16:00	16:00	17:00	19:00
孟买	10:00	2:30	4:30	5:30	10:00	12:30	12:30	13:30	15:30
新加坡	9:00	21:00	1:00	2:00	6:30	9:00	9:00	10:00	12:00
中国香港	10:00	20:00	2:00	3:00	7:30	10:00	10:00	11:00	13:00
东京	9:00	22:00	0:00	1:00	5:30	8:00	8:00	9:00	11:00
悉尼	10:00	21:00	23:00	0:00	4:30	7:00	7:00	8:00	10:00

资料来源：股票交易所；《经济学人》。

投资公式

布莱克—斯科尔斯模式

这一模式是最具影响力的一种期权定价模式，是1973年由两位芝加哥学者费希尔·布莱克和迈伦·斯科尔斯创立的，那一年，芝加哥商品交易所正式开始进行期权交易。这一模式背后存在着一种假设，即资产价格必须进行调整，以阻止一方面期权与现金间的各种结合体与另一方面实际资产之间的套利。

期权初始合理价格 $= S[N(d_1)] - E/e^{rt}[N(d_2)]$
其中：
$S=$ 所交易金融产品现价；
$N(d_1)=$ 正态分布函数 d_1；
$E=$ 期权履行价；
$e=$ 自然对数的底（=2.718）；
$r=$ 年度无风险利率；
$t=$ 期权有效期（作为年份）；
$N(d_2)=$ 正态分布函数 d_2。

解析 d_1：
$d_1 = [\ln(S/E) + (r + 0.5sd^2)t]/[sd(t)^{1/2}]$
其中：
$\ln(S/E) = S/E$ 的自然对数；
$sd=$ 股票价格年度收益的标准偏差（其中股票价格乘二次方，是方差）。

解析 d_2：
$d_2 = d_1 - [sd(t)^{1/2}]$

资本资产定价模式

由于资本资产定价模式相对简单，因此这一公式广泛被用于架构理论上正确的资产价格和投资组合。

$E(R_s) = RF + \beta_s[E(R_m) - RF]$

其中：
$E(R_s)$ = 期望证券 $_s$ 收益值；
RF = 无风险收益率；
β_s = 证券的贝塔系数；
$E(R_m)$ = 市场期望回报率。

资本杠杆支点

资本杠杆支点用来定价认股权证。权证衡量的是年度百分比增长最小值，这是由优先普通股价值所要求的，目的是投资者在公司股票中优先于股票本身而持有权证。

资本杠杆支点 = $[(e/(s-w))^{1/y}] \times 100\%$

其中：
e = 履行价格；　　　　s = 股票价格；
w = 权证价格；　　　　y = 权证有效期。

资本市场线

资本市场线是画图描述风险与收益间的交易以求得高效组合。换句话说，这是一条图线，显示的是投资者做额外冒险期望得到多大的额外收益。

$[E(R_m) - RF]/[sd(R_m)]$

界定了市场线的坡度，其中：
$E(R_m)$ = 期望从市场获得的收益；
RF = 收益的无风险率；
$sd(R_m)$ = 从市场获得收益的标准偏差。

由此，资本市场线上的任一组合所期望的收益是：
$E(R_p) = RF + \{[E(R_m) - RF]/[sd(R_m)]\} sd(R_p)$
其中：
$E(R_p)$ = 组合 $_p$ 的期望收益值；
$sd(R_p)$ = 组合 $_p$ 收益的标准偏差。

股息贴现模式

股息贴现模型是一个估价证券或股票的工具，观点为股票价值等于其所有未来股息的现金价值。这一模式为比较股票市场价格和其理论价值提供了理论基础，据此可以判断股票贵贱。

股息增长率被认为是常量,则普通股的公平价格可以如下表示:

$P = D/(k-g)$

其中:

P = 证券价格;

D = 预计股息;

k = 规定的收益率;

g = 股息预计增长值。

由此,规定收益率可以表示为:

$K = (D/P) + g$。

而且,证券的价格/收入率为:

$P/E = (D/E)/(k-g)$

其中:

E = 预计收入水平。

单一指数模式

单一指数模式显示的是证券收益作为市场收益的一个函数。

$R_{st} = a_s + b_s(R_{mt}) + e_{st}$

其中:

R_{st} = 时段 t 期间股票 s 的收益;

a_s = 股票 s 的常量收益;

b_s = 证券收益对市场收益的敏感度(比如:其贝塔系数);

R_{mt} = 时段 t 期间的市场收益;

e_{st} = 时段 t 期间股票 s 的实际收益与预期收益之间的差异。

资料来源:《投资:A-Z 指南》(or《投资智典》),菲利普·赖兰,《经济学人》/数据分析丛书。

私募股权

美国
美国 2008 年占有近 60% 全世界范围募集的私募股权基金。新的私募股权基金中筹集了超过 2,650 亿美元（其中超过 10% 用于风险投资），近 2,060 亿美元用于投资。2008 年末美国私募股权长期收益近 13%。

欧洲
2008 年，私募股权基金从整个欧洲筹集了近 90 亿欧元，比 2006 年 120 亿欧元的巅峰状态相比有所降低。这些基金中大约 25% 被用于风险投资，其他大部分则用作并购基金。2008 年有超过 540 亿欧元投资到私募股权，比 2007 年近 740 亿欧元的巅峰状态有所下降。从 1980 年初到 2004 年末，欧洲私募股权在投资中平均收益 9.5%。

英国
英国占欧洲私募股权市场近 1/4，从国家角度看，其市场仅次于美国，位居第二。2008 年，英国私募股权公司募集基金 231 亿英镑，其中 200 亿用于投资。自 1980 年以来，英国私募股权基金在投资中平均收益 16.4%。

资料来源：全美风险投资联合会（National Capital Association）、欧洲私募股权与风险投资联合会（European Private Equity & Venture Capital Association）、英国风险投资联合会（British Venture Capital Association）和汤姆森风险投资经济（Thomson Venture Economics）。

对冲基金

	对冲基金资产(十亿美元)	对冲基金数量
1990	38.91	610
1991	58.37	821
1992	95.72	1,105
1993	167.79	1,514
1994	167.36	1,945
1995	185.75	2,383
1996	256.72	2,781
1997	367.56	2,990
1998	374.77	3,325
1999	456.43	3,617
2000	490.58	3,873
2001	539.06	4,454
2002	625.55	5,379
2003	820.01	6,297
2004	972.61	7,436
2005	1,105.39	8,661
2006	1,464.50	9,462
2007	1,868.40	10,096
2008	1,407.10	9,284
2009*	1,430.00	8,900

* 第二季度
资料来源:对冲基金研究公司(Hedge Fund Research)。

对冲基金策略

困境证券:投入或卖空的基金,公司的债务或资产净值经历财务困境,比如破产或公司重组。

新兴市场:投入公司或是发展中国家的主权债务。很多基金有地区重点。

权益对冲:混合使用买空卖空的基金。有些基金试图通过市场投资比率来规避市场风险,而更多激进型基金使用负债经营来扩大未来回报。

事件驱动：由公司事件创造机会进行投资的基金，比如以产易股、合并、破产、资本重组、股票回购。

固定收益：投到固定收益证券的基金。其策略各有不同，这些基金可以专门用于固定收益套购、可转换债券、高收益债券或者抵押贷款证券。

宏观：对于股票市场、利率、货币和商品的未来价格运动进行融资赌注的基金。

相对价值：试图从市场定价无效得利的基金。这种基金可以使用可转换债券、固定收益证券、涉入兼并或收购的公司股票，或者相对价值可以通过套汇加以利用的任何金融证券。定量基金使用复杂的数学范式去发现价格差异。

部门：聚焦具体部门进行投资的基金。广受欢迎的部门包括能源、金融公司、医疗和生物技术、金属和采矿、房地产和技术。

策略管理下的对冲基金资产

2009 年第一季度	百分比
权益对冲	31.4
相对价值	24.8
事件驱动	23.8
宏观	20.0

资料来源：对冲基金研究公司，《经济学人》。

债券

信用等级

	穆迪国际	标准普尔
最高信贷质量；发行者在履行义务方面有很强能力	Aaa	AAA
很高信贷质量；低违约风险	Aa1,Aa2,Aa3	AA+, AA, AA-
高信贷质量，但更易受经济或商业方面变化的打击	A1,A2,A3	A+,A,A-
目前信贷质量尚可，但若情况恶化更易受损	Baa1,Baa2,Baa3	BBB+,BBB,BBB-
低于投资等级，但发行者很有希望能履行承诺	Ba1,Ba2,Ba3	BB+,BB,BB-
重大信贷风险，但发行者目前能履行义务	B1,B2,B3	B+,B,B-
高违约风险	Caa1,Caa2,Caa3	CCC+,CCC,CCC-
发行者未能兑现约定利息和主要付款	C	D

资料来源：《金融市场指南》(Guide to Financial Markets)，马克·莱文森，《经济学人》/ 数据分析丛书。

美国公司债券发行

美国公司债券市场在金融危机中急剧缩水。但是商业在2009年年初开始繁荣发展，和前一年相比，仅在前5个月就增长了65%，高于2008年全年的水平。

年份	高收益 （十亿美元）	投资级别 （十亿美元）	总额 （十亿美元）
2001	77.8	698.3	776.1
2002	57.2	579.5	636.7
2003	131.1	644.7	775.8
2004	137.9	642.8	780.7
2005	96.3	656.5	752.8
2006	146.6	912.3	1058.9
2007	136.0	991.5	1127.5
2008	44.5	661.7	706.2
2009 截止至5月	42.6	764.3	806.9

资料来源：排除所有一年或低于一年到期的发行以及存款单。高收益债券基于投资级别，

因此更有投机性和波动性的可能。

资料来源：证券业与金融市场联合会（Securities Industry and Financial Markets Association）、汤姆森金融公司（Thomson Financial）。

国际债券和票据发行

国际债券在国外发行或交易，比如说，欧洲债券。90% 左右是由机构投资者所拥有，如保险公司，退休基金和共同基金。2008 年，实额近 1/3 在英国发行，紧接其后的是美国，几乎占这一市场的 1/4。

	2008 年（十亿美元）	未清偿数额 2009 年 3 月末
浮动汇率发行	1,206	7,769
完全固定汇率发行	1,141	14,714
股权关联发行	8	387
欧元	954	10,684
美元	690	8,570
英镑	564	1,773
日元	21	683
其他货币	126	1,159
发达国家	2,293	19,868
英国	710	3,097
美国	575	5,454
欧元区 *	851	9,703
离岸金融中心	1	1,442
新兴市场	5	897
金融机构	1,990	17,873
公司发行者	280	2,497
政府	29	1,836
国际组织	55	663
总发行量，净值	2,355	22,869

*14 个成员国（不包括马耳他和斯洛文尼亚）

资料来源：国际清算银行（Bank for International Settlements）。

债券

爆裂的泡沫

郁金香热

郁金香16世纪从土耳其引入西欧。17世纪在荷兰的历史上,郁金香发生了一段最让人好奇的经历。17世纪早期,单色郁金香在荷兰市场上销售的价格相对适中,但是新品种创造出来后,对于郁金香的时尚追求开始愈演愈烈,价格扶摇直上。到1623年,一种叫作"永远的奥古斯都"的郁金香,尤其让人艳羡,是罕见的稀有品种,一个球茎卖到1,000弗罗林,是平均年薪的6倍还多。10年之后,价格更是翻了10倍以上,之后在郁金香狂潮的顶峰时期价格高达10,000弗罗林,大体上可以是在阿姆斯特丹市中心运河边上买一栋不错的房子的价格。

这一狂潮把越来越多想趁机捞一把的人拉了进来,郁金香业务从做实实在在的郁金香业务转向了那种实际上是郁金香期货的交易。

这一交易不可能长久,也确实是没有长久。1637年,情形越来越清楚,在球茎期货投机这条长链的末端根本就没有人想以如此高昂的价格买下球茎时,球茎泡沫终于爆裂。短短几个月的时间里,市场崩塌,使得数千人破产。

密西西比泡沫

1714年,苏格兰商人约翰·劳来到法国,两年之后,他游说当时正处于金融窘境的法国政府允许他建立一家银行,可以发行货币,他认为这会刺激商业发展,帮助政府走出财政困境。当时,法国控制着路易斯安那这块殖民地,这一片土地的面积比法国本身还大。1717年8月,劳购买了当时已破败不堪的密西西比公司的多数股权,并被法国政府准予25年与西印度和北美进行垄断贸易。公司收购了其他法国贸易公司,并更名为印度公司(Compagnie des Indes),事实上他已经掌控了法国在欧洲境外的所有贸易。劳通过发行股票来募集资金资助密西西比公司的活动,而这些股票可以通过使用劳的通用银行(Banque Générale)发行的货币或政府债券来购买。

老的商业王国不断发展,越来越多攫取财富的惊喜可以在大西洋彼岸开发,由此股票价格急剧上升。法国内外,人们都争相购买，供不应求，劳发行了更多的钞票以满足人们的需求。到 1719 年末，发行首年，股票价格就已经涨了 20 倍。

1720 年初，困境来临，投资者开始抛售股票，以实现他们获得黄金的梦想。劳插足进来，设法不让黄金支付多于一定数量，其余的用纸币支付。一年之内股票价格跌至其高峰时间价值的 1/10，通用银行的纸币价值仅仅是票面价值的一半。一年之后，股票恢复了发行价格，劳随后离开了法国。劳究竟是一个无赖，还是仅仅是一个正直的人，只不过是由一个误入歧途的计划而丢尽了脸，对于这一点，一直有意见分歧。

南洋泡沫

1711 年，南洋公司（the South Sea Company）得到了垄断南洋地区所有贸易的业务，作为回报，它必须承担一部分国家债务，这些债务是英国在西班牙王位继承战争中累积的。这一战争 1703 年开始，到 1713 年才得以结束。在 1711 年战争仍在继续时，人们就预期，战争结束时，在南美洲的西班牙殖民地会有很丰厚的贸易机会。但是，南洋公司很少做贸易，他们更喜欢累积以期货投机而从投资者那儿吸引来的资金。

西班牙和英国之间的战争 1718 年再次爆发。第二年，南洋公司提出承担英国的全部国债。那些有影响力的人物受到了诱惑，议案通过了审核。新股票在公司中发行，股票价格被炒得越来越高。

投机热占了上风；大量打算在"新世界"进行贸易或者对光明未来有其他打算的公司建立了起来，他们当中很多简直就是诈财的鬼花招，就是要把投资者和他们的钱隔离开而已。市场信心受到了挫伤，在南洋公司经理们的鼓励下，为了努力恢复信心，"泡沫法案"于 1720 年通过，要求所有合股公司都必须持有皇家特许证。这一招确实很成功：南洋公司的股票价格 4 个月之内翻了五番多，超过了 1,000 欧元价值。然后，泡沫爆裂了，或者说开始降价。股价的逐渐下滑开始加速，3 个月之内，公司已经一文不值，很多人因此破产。1721 年，成立了调查这一事件的委员会，调查发现腐败现象普遍，并涉及商界和政界人物。

铁路热

19 世纪 40 年代英国的"铁路热"和 1873 年美国的铁路

繁荣有着很多相似点。企业家使用证券市场募集巨额资金建设规划中的铁路线。过度投资导致生产能力过剩，收益不足，贷款拖欠无法偿还；大量资金转入铁路建设，对其他行业影响很坏，利率急剧上升。在美国，由于土地出让慷慨大度，有1.7亿公顷土地分给了大约80个铁路公司，但是有一半规划中的铁路从未开工建设。铁路泡沫在"恐怖的1873年"爆裂，同一年，美国第一起铁路抢劫案成功作案。

华尔街破产

1929年的股票价格比1924年高出400%，股价不断被推高，远远超出了各个公司的实际价值，而投资者被轻松致富的前景所诱惑，纷纷进入市场，在此过程中累积了高达60亿美元的债务。1929年9月初，股票价格急剧下降，但是在再次下跌前又重新回升。10月底，恐慌抛售引发了华尔街破产，又进而导致了世界范围的经济危机，即那次经济大萧条。很多股东破产，银行和企业倒闭，紧接着，便是失业人数升至约1,700万人。

日本的货币错误

1985年，通过广场协议日本统一放松其货币政策，以提升日元的价值，可是事情最终没有如其所愿。日元相比其他货币，突然翻了一番，这并未限制日本公司，而是使得跨国公司使用银行贷款和其不断升值的房地产投资组合作为附属担保品，不断狂热地购买美国和欧洲的资产。当原始贷款推高土地价格，而越来越高的土地价格使人们看好贷款一定是一桩好业务时，银行对房地产的借贷便不断攀升。繁荣达到顶峰时，在东京皇家宫殿周围地产的价值超过了加利福尼亚，澳大利亚通过卖掉其大使馆的一小块土地就还清了它的国债。20世纪90年代早期利率升高后，泡沫爆裂，地产价值猛然跌落下来。自此开始的日本经济问题，部分是由于这一泡沫以及其爆裂的结果。

网络经济的繁荣与萧条

20世纪90年代见证了一次与互联网相关的股票投资的投机热潮，因为投资者持有一种观点，任何占尽迅速成长发展优势、受到大众普遍欢迎的新科技必定会挣得大桶大桶的金银。

只要是创业家们在小段时间内规划大手笔的利润，风险投资家们便向所有这些半熟的计划里砸钱。大笔资金花费在了建立市场股票概念性计划上，公司首次公开上市进入市场，随之股价大幅度上升，使得股东们一夜间成为网络经济的百万富翁（至少名义上是这样）。网络经济的繁荣缩水了其他股票，尤其是其他所有技术股，资金涌入这一领域的股票市场。

1999年，全球股票市场创下新高。2000年1月的美国橄榄球联盟冠军赛的主要特色就是以17家网络公司每家为30秒的节目支付超过200万美元。但是不久之后，电子商务的股价开始回落，最终给予了致命的打击，公司迅速烧掉了所有的现金，根本没有盈利的前景。最终，除了那些实力最强大的网络公司，所有公司都碰得头破血流，股票市场直线下跌，1999年到2002年间，纳斯达克下跌超过70%。

次贷危机

打击世界各大银行并且威胁全球金融体系的信贷危机最初开始于美国的楼市。多年的宽松贷款政策是由最低的利率所激发。但是2004年到2006年间，美国联邦储备局把利率从1%提高到超过5%，以控制通货膨胀。到2006年时，撤销管制的趋势逐渐明显，使得3/4的贷款被推到管理者的监管范围之外。证券化以担保债务合同的形式出现，由此造成了严重的问题。贷款发行者由于先期得到支付，便没有了避免不佳信用风险的激励。利率升高，使得违约把次级抵押贷款贷给信用不佳或根本没有信用历史的高风险借款者的数量创下了历史最高水平。这一做法对整个金融系统的冲击显现了出来，很多贷款被捆绑在一起卖给了银行和担保债务合同的投资者。

2007年4月，专营次级抵押贷款的新世纪金融公司（New Century Financial）申请破产，7月，投资银行贝尔斯登说，由于对手银行拒绝给予救援，从他们经营的两只对冲基金中，投资者将几乎分文不得。银行由于害怕对手的资产负债表中有负债，发放现金显得小心翼翼，他们开始不再互相进行短期基金放贷，由此导致信贷市场瘫痪。到8月份，世界各大中央银行被迫向伦敦银行同业拆放利率（LIBOR）这样的金融系统注入流动资金，银行间贷款利率飙升到了多年来的最高水平。

接下来的几个月，一些世界大银行开始爆出跟次级贷款相关的损失，中央银行继续向银行系统注入货币以维持其运行。2008年2月，处在挣扎中的英国抵押贷款机构北岩银行被收归政府控制，一个月之后，贝尔斯登被摩根大通公司以极微小的价格2.36亿美元收购（美国联邦储备局以300亿美元做担保）。

4月，国际货币基金组织警告说，对金融系统救援的总成本可能高达一万亿美元，在摇摇欲坠的世界经济中信贷危机后果的恐慌不断升级。7月，美国政府介入，开始资助房地美和房利美，这一危机愈演愈烈，大量抵押贷款机构濒临破产。到了9月，政府被迫启用巨额资金拯救这两家公司。

几天以后，经营多年的华尔街投资银行雷曼兄弟在次级贷款损失的重压下破产。另一家美国银行美林公司由于巨额刺激贷款的影响，也以500亿美元被美国银行接管。之后，美国联邦储备局宣布对美国最大的保险公司、另一家次级贷款的受害者美国国际集团实施价值850亿美元的一揽子救援计划。在英国，劳埃德银行接管了英国最大的抵押贷款机构苏格兰哈里法克斯银行，这一交易价值达120亿美元。一周之后，美国大型抵押贷款机构华盛顿互惠银行被政府关闭并出售给摩根大通公司。在欧洲，富通集团和德克夏银行被部分收归国有，布拉德福德—宾利银行在英国也有同样的命运。

在危机高峰之后，9月，各国政府纷纷开始采取令人惊讶的措施拯救世界金融体系，刺激低迷的经济。10月，美国国会最终通过了7,000亿美元的政府援救计划。德国拿出500亿欧元拯救海珀不动产银行，英国政府宣布了500亿英镑的一揽子拯救计划。富裕的七国集团设计计划方案，为信贷市场解冻，使金融体系重新发挥作用。各大中央银行继续削减利率来鼓励银行间贷款重新启动以刺激经济。11月，中国出台了5,860亿美元的一揽子经济刺激计划，以启动经济。美国被迫救援其最大银行花旗集团，而且宣布另外向金融系统注入8,000亿美元。欧盟宣布注入资金2,000亿欧元。但是随着金融危机的威胁开始消退，世界经济的问题却日益严重，因为欧洲、美国和其他大经济体滑入了经济低迷的深谷。同时，世界各国政府开始提出新措施以规范银行，确保未来能避免类似危机再次发生。

石油储量和价格

已探明储藏量(桶,十亿)

	北美	中南美洲	欧洲和欧亚	中东	非洲	亚洲太平洋地区
1985年末	101.5	62.9	78.6	431.3	57.0	39.1
1995年末	89.0	83.8	81.5	661.5	72.0	39.2
2005年末	59.5	103.5	140.5	742.7	114.3	40.2
2008年末	70.9	123.2	142.2	754.1	125.6	42.0

资料来源:英国石油。

石油价格均值*

	每桶(美元)		每桶(美元)
1946	1.4	1989	19.6
1950	2.6	1990	24.5
1960	3.0	1991	21.6
1970	3.4	1992	20.6
1971	3.6	1993	18.4
1972	3.6	1994	17.2
1973	3.9	1995	18.4
1974	10.4	1996	22.0
1975	11.2	1997	20.6
1976	12.6	1998	14.4
1977	14.3	1999	19.3
1978	14.9	2000	30.3
1979	22.4	2001	25.9
1980	37.4	2002	26.1
1981	36.7	2003	31.0
1982	33.6	2004	41.4
1983	30.4	2005	56.8
1984	29.4	2006	66.1
1985	28.0	2007	72.3
1986	15.1	2008	99.6
1987	19.2	2009†	51.3
1988	16.0		

* 西得克萨斯轻质原油(WTI)。
† 1月–6月平均值。
资料来源:道琼斯能源服务(Dow Jones Energy Service);汤森路透。

黄金储备和价格

	百万盎司,年末	每金衡盎司金条均值价格,美元
1975	1028.740	161.98
1976	1023.550	125.09
1977	1030.350	148.00
1978	1037.980	193.46
1979	946.890	307.37
1980	955.560	612.24
1981	955.190	459.79
1982	951.280	376.19
1983	950.150	423.45
1984	949.030	360.57
1985	951.520	317.64
1986	951.490	367.82
1987	945.990	446.75
1988	946.690	437.03
1989	941.040	381.52
1990	939.390	383.70
1991	939.440	362.39
1992	928.895	343.83
1993	923.322	360.11
1994	919.273	384.27
1995	910.943	384.29
1996	909.103	387.77
1997	892.242	331.19
1998	968.359	294.23
1999	967.980	278.85
2000	953.063	279.15
2001	944.157	271.16
2002	932.333	310.37
2003	914.609	364.00
2004	897.552	409.79
2005	878.980	445.31
2006	867.738	604.40
2007	852.612	696.80
2008	848.290	871.80
2009	847.120*	916.20†

*1月—4月平均值。†1月—6月平均值。
注释:1971年,美元最终摆脱了金价本位制,标志着布雷顿森林协议的终结。
资料来源:国际货币基金组织;国际金融统计数据;汤森路透。

黄金事实

黄金是一种黄色金属,他的化学符号是 Au,来自于拉丁词语 aurum,意思是"闪亮的黎明"。

黄金的原子序数是 79,它的比重,即密度的数量是水的 19.3 倍,在莫氏硬度表为 2.5,处于石膏和方解石之间。

黄金在合金中的比例用克拉来衡量。纯金是 24 克拉,或者说纯度是 99.99%。100% 的纯金几乎不可能进行加工。

黄金是所有金属中最稳定的。它不和氧反应,也不生锈或者变得晦暗无光。

黄金只溶于酸中,如王水(氯化氢和氮酸的混合物)和其他一些酸性溶液。

黄金在所有金属中是属于最导电的一类。它可以在 –55° C 和 200° C 的温度之间传送微小电流。

黄金是最具有延展性的金属,可以被拉伸成微小的金属丝或者是金线而不会断裂。一盎司黄金可以被拉伸成五英里长的金属丝。

黄金的柔韧性也无与伦比。它可以被塑型或者扩展到非常薄的一片。一盎司黄金可以被打制成 100 平方英尺(9.3 平方米)的薄片。

一直以来,世界黄金生产总量大约是 30 亿盎司(85,000 吨),这一数量可以制成一个边长为 55 英尺(16.8 米)的立方体。

资料来源:黄金学会(The Gold Institute)。

富有生产商

白银，（2008年，百万盎司）	
秘鲁	118.3
墨西哥	104.2
中国	82.8
澳大利亚	61.9
智利	44.9
波兰	38.9
俄罗斯	36.1
美国	36.0
玻利维亚	35.8
加拿大	21.5

黄金，（2008年，吨）	
中国	275.9
美国	237.3
澳大利亚	222.6
南非	219.3
秘鲁	179.9
俄罗斯	176.0
加拿大	94.1
乌兹别克斯坦	88.4
印度尼西亚	76.9
加纳	72.2

白金，（2008年，吨）	
南非	153.0
俄罗斯	25.0
加拿大	7.2
津巴布韦	5.6
美国	3.7

钯，（2008年，吨）	
俄罗斯	88.0
南非	80.0
加拿大	12.5
美国	12.4
津巴布韦	4.4

钻石，（2008年，百万克拉）

	宝石		产业*
博茨瓦纳	25.0	刚果——金沙萨	23
俄罗斯	23.3	澳大利亚	18
加拿大	18.0	俄罗斯	15
安哥拉	10.0	南非	9
南非	6.1	博茨瓦纳	8

*2008年人造工业钻石的世界生产量是5.7亿克拉。生产商包括：美国、俄罗斯、南非、爱尔兰和日本。

资料来源：白银协会（the Silver Institute）；富通银行（Fortis Bank）/VM集团；美国地质调查局（US Geological Survey）；Geology.com。

钻石和白金事实

钻石 不像其他珍贵金属那样，按生产总量来衡量的主要钻石生产商与按价值来衡量的钻石生产商不是同一组国家，如表显示。产量和质量更是差异很大。1克拉=0.2克。

最大的切割钻石是金色陛下（the Golden Jubilee）。这是一块黄色钻石，重量达545克拉，是泰国皇冠珠宝的一部分。最大的钻石原石是库利南（Cullinan），重量达3,107克拉，被切割成了两块抛光的钻石，非洲之星（the Great Star of Africa）重530克拉（是第二大抛光钻石，现存于伦敦塔）和非洲之星二号重317克拉，另外还有大小不等的104块钻石。

在拍卖中出价最高的是100克拉的季节之星（Star of the Season），以1,650万美元成交。理查德·伯顿为伊丽莎白·泰勒购买的那枚钻石重69克拉。

2003年，盗贼闯入安特卫普的钻石中心，从银行保管箱中盗走了属于交易者和切割人价值一亿美元的钻石。

2004年发现一枚钻石在太空漂游，重10的33次方克拉，跨度2,500英里，比月亮大。距离地球50光年。

流血或者冲突。源自那些非法力量控制地区的钻石，于是被用于军事行动的资金，比如安哥拉和塞拉利昂。

白金 白金通常纯度为95%，因此不会晦暗无光也不会褪色，属于低敏感性。除了被用作珠宝，白金还被用于工业和医疗领域，如：催化转化器和起搏器。

货币名称背后故事

铢(Baht) 20世纪40年代前,泰国货币一直是提卡(tical)。铢是重量单位,约合15克,相当于一提卡白银。

玻利瓦尔(Bolivar) 委内瑞拉货币的名称取自西蒙·玻利瓦尔,是一位被称作"解放者"的委内瑞拉人,19世纪,他带领人民战胜了西班牙殖民主义,为自己的国家也为玻利维亚、哥伦比亚、厄瓜多尔、巴拿马和秘鲁争得了自由。厄瓜多尔货币苏克雷也是取自安东尼奥·何塞·德·苏克雷的名字,他是独立斗争的领导者,是玻利瓦尔最亲密的一个朋友。

克朗(Crown) 1339年,瓦卢瓦的菲利普发行了法国黄金"皇冠黄金",上面压印了浮凸图案,一个大大的皇冠。克朗这一名称被一些国家采用,其中包括捷克共和国(koruna)、丹麦(krone)、爱沙尼亚(kroon)、冰岛(króna)、挪威(krone)、瑞典(krona)。

第纳尔(Dinar) 它的源头可以追溯到最广泛使用的罗马硬币,古罗马便士。这一银币的名称意思是"包含十个",即他最初等于10个铜钱。在马其顿称为代纳尔,在阿尔及利亚、巴林、伊拉克、约旦、科威特、突尼斯和塞尔维亚称为第纳尔。

元(Dollar) 这一名称来自历史上波希米亚的货币托拉尔(tolar)和德国的泰勒(thaler)。泰勒的名称(Thaler来自德语thal,意思是山谷)本身即"大古尔登",也就是银币,价值等于一枚金古尔登,是用波西比亚约西米斯泰尔(joachimsthal)小镇开采的白银铸造而成。"元(dollar)"一词被用在英语中代替德语的泰勒(thaler),持续达约200年,之后美国也采用了这一术语。18世纪西班牙元或者叫"八片币"在美洲的西班牙殖民地流通。这一货币和玛丽亚特雷西银币在美国革命前同时被广泛使用,是美国新货币的借用名称。

德拉克马(Drachma) 这一希腊货币(现在被欧元取代)的名称来自动词"抓住"。阿拉伯国家的货币迪拉姆(dirham)的名字也是来自古老的德拉马克。

德拉姆(Dram) 亚美尼亚词语,表示"钱"。

埃斯库多(Escudo) 来自于葡萄牙语(和西班牙语),意思是"盾牌",最初西班牙硬币上装饰有西班牙国王的盾徽——哈布斯堡家族的伟大盾牌。达布隆是一种硬币,当初的价值是两个埃斯库多。

法郎（Franc）据说这一名称是来自拉丁题字 francorum rex（"弗兰克斯的国王"），刻在最初"好人让"统治时期铸造的金币上。

盾（Guilder）这一名称取自 13 世纪佛罗伦萨铸造的银币，上面装饰有一只百合（Florensus），这一名称来自古意大利语 fiorino，意思是花。荷兰采用了这一名称 gulden，即 gulden florijn（或者 golden florensus）的简化，guilder 只是这一词的变体。缩写 fl 或 f 仍然在使用。这一货币仍存在于阿鲁巴和荷兰安地列斯群岛。

基那（Kina）巴布亚新几内亚的货币名称取自"珍珠蚌"，是岛上传统使用的货币。

库纳（Kuna）这一词在克罗地亚语中意为"貂皮"，从词源学上，跟克朗延伸出的各种货币名称没有关系。中世纪商人把貂的皮毛作为交换商品，这一名字由此而来。

克瓦查（Kwacha）赞比亚货币，取自国家的主要语言贝姆巴语，它的意思是"黎明"，即取自国家的民族主义口号"自由的新黎明"。

宽扎（Kwanza）安哥拉官方货币，名字或者来自宽扎河或者是来自班图语，意为"第一"。

列伊（Leu）17 世纪荷兰的泰勒（thaler）在罗马尼亚和摩尔多瓦流通，上面带有狮子的压印，这种货币被广泛称作 lei（狮子），这一名称形式被保留作为钱的通用术语（但是，在保加利亚变成了 Lev）。

里拉（Lira）梵蒂冈城和马耳他仍然保留着一种使用当初高纯度银制造的金衡镑（拉丁语 Libra）价值名字的货币。土耳其的里拉也来自同一词根。

马纳特（Manat）在阿塞拜疆和土库曼斯坦，这一货币的名字来自于玛娜，前伊斯兰教阿拉伯半岛的命运女神。

马克（Mark）古代欧洲贵重金属的重量单位，等于八金衡制盎司。德国马克已经被欧元取代，而波斯尼亚有自己的马克 marka，芬兰马克为 makrkka。

澳元（Pataca）澳门货币的名称来自曾在亚洲非常流行的一种银币的名称，墨西哥的八雷亚尔，或者"八片币"，在葡萄牙语中被称作墨西哥澳门币（Pataca Mexicana）。

比塞塔（Peseta）西班牙先前的货币。这一名字来自加泰罗尼亚词语 peceta，意思是"一小片"。

比索（Peso）西班牙语单词，意思是"重量"。这一殖民时期主要的硬币价值八雷亚尔（八片），后来在阿根廷、智利、哥伦比亚、古巴、多米尼加共和国、墨西哥、菲律宾和乌拉圭货币都被称作比索。

英镑（Pound）这一术语来自高纯度白银的金衡镑重量价值，其货币符号是基于传统的大写字母"L"加上水平线穿过其中，来源于拉丁词语"libra"，表示重量。斯特林（sterling）可以追溯到 12 世纪亨利二世统治时期，很可能是来自于伊斯特林的白银，在德国这一同名地区开采的，这种白银以其高质量而出名，进口到英国成为那时硬币铸造的基础。另一解释是斯特林白银的纯度印记是一只椋鸟（starling）。

普拉（Pula）在塞茨瓦纳语中，普拉意思是"雨"，在博茨瓦纳这是稀有珍贵的资源。

克沙尔（Quetzal）取自危地马拉国鸟的名字。

兰德（Rand）南非兰德的名字是取自德兰士瓦省的采金地区，是威特沃特斯兰德（Witwatersrand）的简称。

雷亚尔（Real）巴西货币的名称来自葡萄牙语，意思是"皇家货币"。大约 1860 年以前，西属美洲的基本白银单位是雷亚尔。

林吉特（Ringgit）马来西亚的货币在马来语中的意思是"锯齿形"，指的是在这一地区流通的西班牙银元的锯齿边缘。

卢布（Bouble）这一名字来自俄罗斯词语，意思是"砍"。在历史上，一卢布就是从银锭上砍下来的一片银子。

卢比（Rupee）印度货币的名字取自梵语单词 rupyah，意思是"锻造白银"。

日元（Yen）见元（Yuan）。

元（Yuan）中国货币的这一名称来自汉语中意思为"圆形物体"的词。日本的日元也是同一来源。

兹罗提（Zloty）波兰的货币在波兰语中意思是"金色的"。

流通中的纸币和硬币

美元

	纸币 价值（十亿美元）	硬币 价值（十亿美元）
2000	563.9	29.9
2001	612.3	31.1
2002	654.8	32.8
2003	690.2	33.9
2004	719.9	34.9
2005	758.3	35.2
2006	783.5	36.6
2007	792.2	36.7
2008	853.6	36.2
2009*	864.1	39.6

英镑 †

	纸币价值（十亿英镑）	新发行纸币（十亿英镑）
2005	35.4	0.74
2006	36.9	0.64
2007	38.4	0.77
2008	45.0	1.23
2009	48.6	1.09

欧元

	纸币价值（十亿欧元）	硬币价值（十亿欧元）
2005	565.2	16.7
2006	628.2	17.9
2007	676.6	19.3
2008	762.8	20.4
2009‡	761.3	20.7

*3月末。†2月末。‡5月末。
资料来源：美国财政部金融管理服务局（Financial Management Service, US treasury）；英格兰银行；欧洲中央银行。

欧元印刷

纸币生产	数量（十亿）	价值（十亿欧元）
2002	4.78	115.0
2003	3.09	103.6
2004	1.58	108.0
2005	3.63	185.9
2006	7.00	186.0
2007	6.30	260.0
2008	6.45	129.3
2009	10.94	476.0

2002年1月1日以来的纸币生产	
面值	数量，百万
5	6,319
10	9,985
20	13,430
50	10,850
100	2,327
200	133
500	724
总额	43,768

资料来源：欧洲中央银行。

美元 $ 和英镑 £ 纸币的寿命

$	月份数量（均值）	££	月份数量，均值
1	21.6	5	12–24
5	15.6	10	24–36
10	18.0	20	24–36
20	24.0	50	60+
50	55.2		
100	88.8		

资料来源：美国联邦储备局；英格兰银行。

汇 率

时段平均值	1 美元 = 欧元	1 美元 = 英镑	1 美元 = 日元
1950	…	0.36	361.10
1960	0.63	0.36	360.00
1970	0.66	0.42	360.00
1980	0.65	0.43	226.74
1990	0.77	0.56	144.79
1995	0.75	0.63	94.06
2000	1.09	0.66	107.77
2001	1.18	0.69	121.53
2002	1.06	0.67	125.39
2003	0.89	0.61	115.93
2004	0.81	0.55	108.19
2005	0.80	0.55	110.22
2006	0.80	0.54	116.30
2007	0.73	0.50	117.75
2008	0.68	0.54	103.36

时段平均值	美元 =1 欧元	美元 =1 英镑	美元 =1 日元
1950	…	2.80	0.0028
1960	1.59	2.80	0.0028
1970	1.52	2.40	0.0028
1980	1.54	2.33	0.0044
1990	1.30	1.78	0.0069
1995	1.33	1.58	0.0106
2000	0.92	1.52	0.0093
2001	0.85	1.44	0.0082
2002	0.94	1.50	0.0080
2003	1.12	1.63	0.0086
2004	1.23	1.83	0.0092
2005	1.24	1.82	0.0091
2006	1.25	1.84	0.0086
2007	1.37	2.00	0.0086
2008	1.46	1.85	0.0097

注释：美元/英镑综合汇率，截止至 1999 年。
资料来源：国际货币基金组织：国际金融统计数据；汤森路透。

汇率挂钩制

汇率可以与作为货币联盟（比如：欧元区国家）或者个体（比如：固定于美元）的某一特定货币相联系。一个挂钩制减少了易变的可能，但是同时也使得货币政策缺少了灵活性。

欧元货币成员

奥地利	法国	意大利	葡萄牙
比利时	德国	卢森堡	斯洛文尼亚
塞浦路斯	希腊	马耳他	西班牙
芬兰	爱尔兰	荷兰	

斯洛伐克于 2009 年 1 月 1 日加入。使用或挂钩于欧元的非成员国：波斯尼亚、保加利亚、克罗地亚、丹麦、爱沙尼亚、科索沃、拉脱维亚、立陶宛、马其顿、黑山共和国和非洲金融共同体法郎区：

非洲金融共同体法郎区，挂钩于欧元

贝宁	乍得	加蓬	塞内加尔
布基纳法索	刚果——布拉柴维尔	几内亚比绍	多哥
喀麦隆	象牙海岸	马里	
中非共和国	赤道几内亚	尼日尔	

使用美元 $ 国家

厄瓜多尔	马绍尔群岛	帕劳	东帝汶
萨尔瓦多	密克罗尼西亚	巴拿马	

货币挂钩于美元 $ 的国家和地区

安哥拉	厄立特里亚	荷兰安地列斯岛	塔吉克斯坦
阿根廷	圭亚那	阿曼	特立尼达和多巴哥
阿鲁巴	洪都拉斯	卡塔尔	土库曼斯坦
巴哈马	中国香港	卢旺达	阿拉伯联合酋长国
巴林	约旦	沙特阿拉伯	越南
孟加拉国	哈萨克斯坦	塞舌尔	也门

续表

巴巴多斯	黎巴嫩	塞拉利昂	津巴布韦
白俄罗斯	马拉维	所罗门岛	
伯利兹	马尔代夫	斯里兰卡	
吉布提	蒙古	苏里南	

还有东加勒比货币联盟成员 *

* 安圭拉和巴布达、多米尼加、格林纳达、圣基茨和尼维斯、圣卢西亚、圣文森特和格林纳丁斯。
安圭拉和蒙特塞拉特（英属海外领地）也使用东加勒比美元 $。
资料来源：2008 年 4 月，国际货币基金组织；货币发行局（currency Boards）。

世界经济

经济实力之最

国民生产总值,2007 年	十亿美元	购买力平价		十亿美元	购买力平价
美国	13,751	13,751	沙特阿拉伯	383	554
日本	4,384	4,297	中国台湾	383	784
德国	3,317	2,830	奥地利	373	311
中国	3,206	7,097	希腊	313	319
英国	2,772	2,143	丹麦	312	197
法国 *	2,590	2,078	伊朗	286	778
意大利	2,102	1,802	南非	283	467
西班牙	1,436	1,416	阿根廷	262	523
加拿大	1,330	1,181	爱尔兰	259	195
巴西	1,313	1,833	芬兰	245	183
俄罗斯	1,290	2,087	泰国	245	519
印度	1,177	3,097	委内瑞拉	228	334
墨西哥	1,023	1,485	葡萄牙	223	241
韩国	970	1,202	哥伦比亚	208	378
澳大利亚	821	734	中国香港	207	293
荷兰	766	634	阿联酋	199	226
土耳其	656	957	马来西亚	187	359
瑞典	464	336	捷克共和国	175	250
比利时	453	371	罗马尼亚	166	267
印度尼西亚	433	838	尼日利亚	165	291
瑞士	424	307	智利	164	230
波兰	422	609	以色列	164	189
挪威	388	252	新加坡	161	228

* 包括海外各部门。

地区国民生产总值

十亿美元,2008 年		2003—2008 年度增长 %	
世界	60,690	世界	4.6
经济发达国家	42,100	经济发达国家	2.5
七国集团	32,221	七国集团	2.1
欧元区(16)	13,633	欧元区(16)	2.1
亚洲 *	7,239	亚洲 *	9.1

续表

拉丁美洲	4,210	拉丁美洲	5.3
东欧 †	4,049	东欧 †	6.7
中东	1,814	中东	5.9
非洲	1,278	非洲	6.0

地区购买力

国民生产总值占总额百分比（2008年）		人均美元数额（2008年）	
世界	100.0	世界	10,220
经济发达国家	55.3	经济发达国家	36,900
七国集团	42.1	七国集团	38,720
欧元区（16）	15.7	欧元区（16）	32,110
亚洲	21.0	亚洲 *	4,070
拉丁美洲	8.6	拉丁美洲	10,430
东欧 †	8.1	东欧 †	12,090
中东	3.9	中东	10,760
非洲	3.1	非洲	2,460

地区国际贸易

商品与服务出口，占总额百分比（2008年）			
经济发达国家	65.1	拉丁美洲	5.1
七国集团	36.5	东欧 †	7.6
欧元区（16）	28.6	中东	5.6
亚洲 *	13.8	非洲	2.7

* 不包括中国香港、日本、新加坡、韩国和中国台湾。
† 包括俄罗斯、其他独联体国家（CIS）和土耳其。

主要贸易商

最大出口商

世界出口总额（商品、服务和收入）百分比（2007 年）

欧元区（13）	16.36	比利时	2.34
美国	11.49	韩国	2.15
中国	10.42	西班牙	2.14
德国	8.81	俄罗斯	2.05
英国	6.10	瑞士	1.83
日本	4.69	爱尔兰	1.44
法国	4.40	中国台湾	1.41
荷兰	3.35	墨西哥	1.39
意大利	3.28	瑞典	1.38
加拿大	2.62	新加坡	1.25

最大商品贸易商

占世界百分比（2007 年）

	出口		进口
欧元区（13）	15.49	欧元区（13）	14.99
德国	10.12	美国	14.83
中国	9.11	德国	8.10
美国	8.61	中国	6.82
日本	5.07	英国	4.68
法国	4.08	法国	4.53
意大利	3.75	日本	4.32
荷兰	3.45	意大利	3.75
英国	3.30	荷兰	3.07
加拿大	3.23	加拿大	2.92

服务和收入中的最大盈利者

占世界服务和收入出口百分比（2007 年）

欧元区（13）	17.80	法国	4.95
美国	16.27	日本	4.08
中国	12.60	荷兰	3.18
英国	10.76	卢森堡	2.82
德国	6.64	西班牙	2.51

世界经济如何变化

购买力平价汇率计算占世界国民生产总值份额（%）

	1820	1870	1913	1950	1973	2001	2008*
西欧	23.0	33.0	33.0	26.2	25.6	20.3	16.0
美国、加拿大、澳大利亚和新西兰	1.9	10.0	21.3	30.7	25.3	24.6	24.0
日本	3.0	2.3	2.6	3.0	7.8	7.1	6.0
中国	32.9	17.1	8.8	4.5	4.6	12.3	16.0
亚洲其他国家	23.5	19.0	13.5	11.0	11.8	18.6	21.0
拉丁美洲	2.2	2.5	4.4	7.8	8.7	8.3	8.0
东欧和中部欧洲	9.0	12.0	13.4	13.1	12.8	5.6	6.0
非洲	4.5	4.1	2.9	3.8	3.4	3.3	3.0
世界	100.0	100.0	100.0	100.0	100.0	100.0	100.0

* 概算值。

资料来源：《世界经济》(*The World Economy*) 作者安格斯·麦迪逊，国际货币基金组织。

人均国民生产总值，美元购买力平价，1990 年价格

	1820	1870	1913	1950	1973	2001	2008*
美国	1,257	2,445	5,301	9,561	16,689	27,948	30,800
英国	1,706	3,190	4,921	6,939	12,025	10,127	22,900
日本	669	737	1,387	1,921	11,434	20,683	22,800
法国	1,135	1,876	3,485	5,271	13,114	21,092	22,500
德国	1,077	1,839	3,648	3,881	11,966	18,677	20,400
意大利	1,117	1,499	2,564	3,502	10,634	19,040	19,200
西班牙	1,008	1,207	2,056	2,189	7,661	15,659	17,100
中国	600	530	552	439	839	3,583	6,800
印度	533	533	673	619	853	1,957	3,000
世界	667	875	1,525	2,111	4,091	6,049	7,300

* 概算值。

注释：国民生产总值是经济活动输出总额。购买力平价统计数据通过用均衡商品和服务标准组价格的汇率取代正常的汇率来调整地区差异成本。

资料来源：《世界经济》作者安格斯·麦迪逊，国际货币基金组织、世界银行（World Bank）。

主权财富基金

"主权财富基金是政府的投资手段,由外汇资产提供资金,独立于官方储备之外来管理这些资产。"—克雷·劳瑞,国际事务署(International Affairs)助理秘书,2007年。

主权财富基金从20世纪50年代开始运行,"荷兰国民退休金基金(Dutch Stichting Pensioenfonds)(1922年)"和"加州公务员退休基金(California Public Employees' Retirement System)(1932年)"不包括在内。早期的基金大多被用作循环石油美元(沙特阿拉伯,1952年,科威特1953年)的方法。

新加坡的淡马锡控股(Temasek)也有很长的历史(1974年)。最近,拥有国际收支经常项目顺差的新兴经济体,如中国和俄罗斯,也使用主权财富基金在世界各地进行投资。

主权财富基金大宗交易

基金	目标	十亿美元	宣布日期
新加坡政府投资公司	瑞士联合银行集团	9.8	12月08日
阿布扎比投资局	花旗集团	7.5	11月08日
新加坡政府投资公司	花旗集团	6.9	01月08日
韩国投资公司/科威特投资局	美林证券	5.4	01月08日
中国投资公司	摩根士丹利	5.0	12月08日
淡马锡	美林证券	5.0	04月08日/12月08日
韩国投资公司	花旗集团	3.0	01月08日
科威特投资局/卡塔尔投资局/其他	纽约通用汽车大厦	2.8	06月08日
韩国投资公司	美林证券	2.0	01月08日
迪拜国际资本	杜莎集团	1.5	03月05日
迪拜国际资本	旅行之家酒店	1.3	08月06日

资料来源:联合国贸易与发展会议(UNCTAD);德勤(Deloitte);新闻报道。

主要主权财富基金

基金名称	国家及地区	资产*（十亿美元）
阿布扎比投资局	阿拉伯联合酋长国	650
沙特阿拉伯货币管理局外汇控股	沙特阿拉伯	433
新加坡政府投资公司	新加坡	330
华安投资公司	中国	312
政府养老基金—全球	挪威	301
科威特投资局	科威特	264
中国投资公司	中国	200
香港金融管理局投资组合	中国香港	180
淡马锡控股	新加坡	85
迪拜投资公司	阿拉伯联合酋长国	82
国家财富基金	俄罗斯	76
国家社会保障基金	中国	74
卡塔尔投资局	卡塔尔	60
利比亚投资局	利比亚	51
税收管理基金	阿尔及利亚	47
澳大利亚期货基金	澳大利亚	44
阿拉斯加永久基金	美国	40
哈萨克斯坦国际基金	哈萨克斯坦	38
国家养老储备基金	爱尔兰	31
韩国投资公司	韩国	30
文莱投资局	文莱	30
策略投资基金	法国	29
马来西亚国家投资公司	马来西亚	26
社会经济稳定基金	智利	21
阿尔伯塔传统储蓄信托基金	加拿大	17

* 信息获取于 2009 年 7 月。
资料来源：www.sovereignwealthfundsnews.com；联合国贸易与发展会议。

外商直接投资

资金流入(十亿美元)

	1995—1999 平均	2000	2002	2004	2006	2007	股票,占国民生产总值百分比,2007年末
欧元(15)	146	500	244	120	327	488	37.8
欧盟27国	238	698	309	214	562	804	40.9
其他西欧地区	11	27	7	4	37	44	46.1
北美	157	381	97	136	300	342	17.1
其他发达国家	15	29	30	49	42	58	10.3
非洲	9	10	15	18	46	53	31.0
拉丁美洲和加勒比海地区	68	98	58	94	93	126	32.4
其他亚洲地区	97	148	99	170	273	319	28.6
东南欧和独联体	7	7	11	30	57	86	28.0
总额	602	1,398	625	718	1,411	1,833	27.9

2007年经济发展中国家(地区)资金流入之最(十亿美元)

	1995—1999 平均	2000	2002	2004	2006	2007	股票,占国民生产总值百分比,2007年末
中国	42.1	40.7	52.7	60.6	72.7	83.5	10.1
中国香港	13.5	61.9	9.7	34.0	45.1	59.9	573.0
俄罗斯	3.1	2.7	3.5	15.4	32.4	52.5	25.1
巴西	18.3	32.8	16.6	18.1	18.8	34.6	25.0
墨西哥	11.6	18.0	23.0	22.9	19.3	24.7	29.7
沙特阿拉伯	0.2	0.2	0.5	1.9	18.3	24.3	20.2
新加坡	11.8	16.5	7.2	19.8	24.7	24.1	154.7
印度	2.6	3.6	5.6	5.8	19.7	23.0	6.7
土耳其	0.8	1.0	1.1	2.8	20.0	22.0	22.2

注释:外商直接投资是对国外公司长期的投资,隐含对这些公司一定程度的控制之意。股票指的是这些投资的价值。

资料来源:联合国贸易与发展会议。

送钱回家

海外工人每年会把1,000亿美元送回自己的国家,而这一数量以两位数的比率持续增长。印度2003年从海外收到200多亿,几乎是2000年度的两倍。菲律宾2004年收到90亿美元,相比之下2000年只有1.25亿美元。墨西哥的资金流入也是翻了一番多,超过160亿美元。其他迅速增长的资金接收国是中国(是2000年数量的8倍)和危地马拉(为4倍多)。

接收国(十亿美元)	2000	2002	2004	2006	2008*
印度	12.9	15.7	18.8	25.4	52.0
中国	6.2	13.0	19.0	23.3	40.6
墨西哥	7.5	11.0	19.9	26.9	26.3
菲律宾	6.2	9.7	11.5	15.3	18.6
法国	8.6	10.4	12.3	12.3	15.1
西班牙	4.5	5.2	7.5	8.9	11.8
德国	3.6	4.7	6.6	7.6	11.1
波兰	1.7	2.0	4.7	8.5	10.7
尼日利亚	1.4	1.2	2.3	5.4	10.0
埃及	2.9	2.9	3.3	5.3	9.5
罗马尼亚	0.1	0.1	0.1	6.7	9.4
比利时	4.0	4.7	6.9	7.5	9.3
孟加拉国	2.0	2.9	3.6	5.4	9.0
英国	3.6	4.5	6.4	7.0	8.2
越南	…	2.7	3.2	4.8	7.2
巴基斯坦	1.1	3.6	3.9	5.1	7.0
印度尼西亚	1.2	1.3	1.9	5.7	6.8
摩洛哥	2.2	2.9	4.2	5.5	6.7
黎巴嫩	1.6	2.5	5.6	5.2	6.0
俄罗斯	1.3	1.4	2.5	3.3	6.0

*概算值。
资料来源:世界银行。

利 率

短期利率
伦敦联行所报利率（%）

	美国	英国	日本	欧元区
1979	12.09	13.88	6.08	…
1980	14.19	16.35	11.30	…
1981	16.87	14.32	7.73	…
1982	13.29	12.58	6.99	…
1983	9.72	10.18	6.57	…
1984	10.94	10.02	6.43	…
1985	8.38	12.25	6.68	…
1986	6.84	10.97	5.12	…
1987	7.19	9.80	4.26	…
1988	7.97	10.36	4.51	…
1989	9.28	13.94	5.46	…
1990	8.28	14.79	7.76	…
1991	5.98	11.67	7.38	…
1992	3.83	9.70	4.46	…
1993	3.30	6.06	3.00	…
1994	4.74	5.54	2.31	…
1995	6.04	6.73	1.27	…
1996	5.51	6.09	0.63	…
1997	5.74	6.90	0.63	…
1998	5.56	7.39	0.72	…
1999	5.41	5.54	0.22	2.96
2000	6.53	6.19	0.28	4.41
2001	3.78	5.04	0.15	4.26
2002	1.79	4.06	0.08	3.32
2003	1.22	3.73	0.06	2.33
2004	1.62	4.64	0.05	2.11
2005	3.56	4.76	0.06	2.18
2006	5.19	4.85	0.30	3.08
2007	5.30	6.01	0.79	4.28
2008	2.91	5.51	0.93	4.63
2009年3月	1.27	1.83	0.62	1.63

资料来源：汤森路透。

部分利率之最引人关注 1989年阿根廷货币市场利率平均值接近1.4m%，1990年超过9m%。1995年，俄罗斯利率平均值190%。2003年和2004年津巴布韦利率平均值超过100%。土耳其联行货币市场利率从2001年的平均值92%下降到2006年早期的13.25%。

央行利率

美国 美国联邦基金利率从1977年的4.75%下降到1981年的19%。它的下一个低位点是1993年的3%，2000年升至6.5%。45年以来的低位点1%从2003年6月持续到2004年6月，之后升高了17个基点，到达2006年6月的5.25%，这一水平一直保持到2008年9月开始下跌，2008年12月跌至0%—0.25%的目标区，这是有史以来的最低点。

英国 英国最低贷款利率于1976年下调至15%，1977年下降到5%，之后升高到1979年的17%。在黑色星期三（1992年9月16日），利率短暂上升到15%。1997年5月回购利率成为新的官方利率，2003年7月跌至低位点3.5%，但到2007年7月升至5.75%。之后由于金融危机更加严重，2009年3月，利率跌至0.5%的史上最低点。1694年英格兰银行开始开展业务时，银行利率是6%。

日本 日本银行的官方贴现率1973年和1980年都在9%的高位上。2001年9月以来利率一直是0.1%。6年的零利率政策之后，日本银行于2006年7月将重点隔夜拆借利率提升至0.25%。随着美国2008年末降低利率，日本银行又重新调回0.1%左右。

资料来源：国家货币基金组织；美国联邦储备局；英格兰银行；日本银行。

税 收

税收总额占国民生产总值百分比

	1970	1980	1990	2000	2007
澳大利亚	21.5	26.7	28.5	31.1	30.6*
加拿大	30.9	31.0	35.9	35.6	33.3
法国	34.1	40.1	42.0	44.4	43.6
德国	31.5	36.4	34.8	37.2	36.2
爱尔兰	28.4	31.0	33.1	31.7	32.2
意大利	25.7	29.7	37.8	42.3	43.3
日本	19.6	25.4	29.1	27.0	27.9*
韩国	…	17.2	18.9	23.6	28.7
西班牙	15.9	22.6	32.5	34.2	37.2
瑞典	37.8	46.4	52.2	51.8	48.2
瑞士	19.3	24.7	25.8	30.0	29.7
英国	37.0	35.1	36.1	37.1	36.6
美国	27.0	26.4	27.3	29.9	28.3

*2006年。

人口人均税收总额（美元）

	1970	1980	1990	2000	2006
澳大利亚	752	3,067	5,296	6,458	11,586
加拿大	1,261	3,524	7,555	8,562	13,213
法国	965	5,030	8,983	9,695	15,847
德国	782	3,947	6,936	8,598	12,585
爱尔兰	411	1,925	4,517	8,049	16,428
意大利	522	2,421	7,554	8,149	13,276
日本	397	2,358	7,317	9,958	9,619
韩国	…	289	1,164	2,565	4,923
西班牙	186	1,355	4,337	4,931	10,230
瑞典	1,665	7,375	14,922	14,335	21,241
瑞士	704	4,335	9,030	10,408	15,190
英国	823	3,348	6,284	9,129	14,700
美国	1,349	3,209	6,286	10,334	12,265

公司所得税占国民生产总值百分比

	1970	1980	1990	2000	2006
澳大利亚	3.6	3.2	4.0	6.3	6.6
加拿大	3.5	3.6	2.5	4.4	3.7
法国	2.1	2.1	2.2	3.1	3.0
德国	1.8	2.0	1.7	1.8	2.1
爱尔兰	2.5	1.4	1.6	3.7	3.8
意大利	1.7	2.3	3.8	2.9	3.4
日本	5.2	5.5	6.5	3.7	4.7
韩国	…	1.9	2.5	3.3	3.8
西班牙	1.3	1.1	2.9	3.1	4.2
瑞典	1.7	1.1	1.6	3.9	3.7
瑞士	1.6	1.6	2.0	2.7	3.0
英国	3.2	2.9	3.6	3.6	4.0
美国	3.6	2.8	2.4	2.6	3.3

个人所得税占国民生产总值百分比

	1970	1980	1990	2000	2006
澳大利亚	8.0	11.7	12.2	11.8	11.4
加拿大	10.0	10.6	14.7	13.1	12.1
法国	3.7	4.7	4.5	8.0	7.7
德国	8.4	10.8	9.6	9.4	8.7
爱尔兰	5.2	9.9	10.6	9.5	8.9
意大利	2.8	6.9	9.9	10.5	10.8
日本	4.2	6.2	8.1	5.7	5.1
韩国	…	2.0	4.0	3.4	4.1
西班牙	1.8	4.6	7.1	6.5	6.9
瑞典	18.8	19.0	20.1	17.2	15.7
瑞士	6.9	9.6	10.0	10.5	10.5
英国	11.7	10.3	10.6	10.9	10.8
美国	9.9	10.3	10.1	12.5	10.2

资料来源：经济合作与发展组织。

公司税率

平均值(%)

	1998	2008	变化百分比(1998—2008)
阿根廷	33.00	35.00	6.06
澳大利亚	36.00	30.00	-16.67
奥地利	34.00	25.00	-26.47
孟加拉国	40.00	30.00	-25.00
比利时	40.17	33.99	-15.38
玻利维亚	25.00	25.00	0.00
巴西	25.00	34.00*	36.00
加拿大	44.60	33.50	-24.89
智利	15.00	17.00	13.33
中国	33.00	25.00	-24.24
哥伦比亚	35.00	33.00	-5.71
哥斯达黎加	30.00	30.00	0.00
捷克共和国	35.00	21.00	-40.00
丹麦	34.00	25.00	-26.47
多米尼加共和国	25.00	25.00	0.00
厄瓜多尔†	36.25	25.00	-31.03
芬兰	28.00	26.00	-7.14
法国	41.66	33.33	-20.00
德国	50.13	29.51	-41.13
希腊†	37.50	25.00	-33.33
中国香港	16.50	16.50	0.00
匈牙利	18.00	16.00	-11.11
冰岛‡	33.00	15.00	-54.55
印度	35.00	33.99	-2.89
印度尼西亚	30.00	30.00	0.00
爱尔兰	32.00	12.50†	-60.94
意大利	41.25	31.40	-23.88
日本	51.60	40.69	-21.14
卢森堡	37.45	29.63	-20.88
马来西亚	28.00	26.00	-7.14
墨西哥	34.00	28.00	-17.65
莫桑比克	35.00	32.00	-8.57
荷兰†	33.00	25.50	-22.73
新西兰	28.00	30.00	7.14
挪威	30.00	28.00	-6.67
巴基斯坦	37.00	35.00	-5.41

续表

巴拿马	25.00	30.00	20.00
巴布亚新几内亚	30.00	30.00	0.00
秘鲁	30.00	30.00	0.00
菲律宾	34.00	35.00	2.94
波兰	36.00	19.00	-47.22
葡萄牙	37.40	25.00	-33.16
俄罗斯	...	24.00	...
新加坡	26.00	18.00	-30.77
南非	...	34.55	...
韩国	30.80	27.50	-10.71
西班牙	35.00	30.00	-14.29
斯里兰卡	35.00	35.00	0.00
瑞典	28.00	28.00	0.00
瑞士	27.80	21.17	-23.85
中国台湾	...	25.00	...
泰国	30.00	30.00	0.00
土耳其	44.00	20.00	-54.55
英国	31.00	28.00	-9.68
乌克兰	...	25.00	...
乌拉圭	30.00	25.00	-16.67
美国	40.00	40.00	0.00
委内瑞拉	34.00	34.00	0.00
越南	32.50	28.00	-13.85

* 包括利润社会贡献税。† 税级的平均比率。
‡ 只适用于有限责任公司。
资料来源：毕马威。

地区平均税率（%）

	经济合作与发展组织	欧盟	拉丁美洲	亚洲—太平洋地区
2000	34.1	33.9	28.7	31.9
2002	31.4	30.9	28.4	31.5
2004	29.8	28.3	28.0	30.0
2006	28.2	25.8	28.1	30.0
2008	26.7	23.2	26.6	28.4

资料来源：毕马威。

顶层盈利者如何缴税？

个人所得税高税率，(%)

	1975	1980	1985	1995	2000	2005	2008
澳大利亚	65.0	…	60.0	47.0	47.0	47.0	45.0
奥地利	62.0	62.0	62.0	50.0	50.0	50.0	50.0
比利时	60.0	76.3	71.6	55.0	55.0	50.0	50.0
加拿大	47.0	…	34.0	29.0	29.0	29.0	29.0
丹麦	…	…	39.6	34.5	26.5	26.5	26.5
芬兰	…	…	…	39.0	33.5	33.5	31.5
法国	60.0	60.0	65.0	…	48.0	48.0	40.0
德国	56.0	56.0	56.0	53.0	42.0	42.0	45.0
希腊	63.0	60.0	63.0	45.0	40.0	40.0	40.0
匈牙利	…	…	…	44.0	38.0	38.0	36.0
爱尔兰	77.0	60.0	65.0	48.0	42.0	42.0	41.0
意大利	72.0	72.0	65.0	51.0	43.0	43.0	43.0
日本	75.0	93.0	70.0	50.0	37.0	37.0	40.0
韩国	…	…	55.0	45.0	35.0	35.0	35.0
卢森堡	57.0	58.4	57.0	50.0	38.0	38.0	38.0
墨西哥	…	55.0	55.0	35.0	30.0	30.0	28.0
荷兰	71.0	72.0	72.0	60.0	52.0	52.0	52.0
新西兰	60.0	60.0	66.0	33.0	39.0	39.0	39.0
挪威	73.0	…	40.0	13.7	27.0	27.0	25.3
波兰	…	…	…	40.0	40.0	40.0	40.0
葡萄牙	…	…	60.0	40.0	40.0	40.0	42.0
西班牙	62.0	65.5	66.0	56.0	29.0	29.0	27.1
瑞典	87.0	…	80.0	30.0	25.0	25.0	25.0
瑞士	44.0	…	11.5	11.5	12.0	12.0	11.5
英国	83.0	…	60.0	40.0	40.0	40.0	40.0
美国	70.0	70.0	50.0	39.6	35.0	35.0	35.0

资料来源：经济合作与发展组织；布鲁金斯学会城市学会税收政策中心（The Tax Policy Centre, Urban Institute, Brookings Institution）。

财富与债务

财富净值占可支配收入百分比

	1995	1998	2000	2005	2008
英国	555.9	686.4	768.1	824.1	909.4*
意大利	716.6	722.9	762.6	834.5	868.4*
法国	462.5	494.9	552.5	748.2	749.2
日本	735.8	726.9	747.7	740.4	727.8*
德国	541.0	530.5	540.8	580.8	605.7†
加拿大	481.5	498.4	502.2	534.3	544.5
美国	511.7	580.7	584.0	640.0	485.8

*2007 年
†2006
财富净值被定义为非金融和金融资产减去债务（消费债务）；非金融资产包括重置成本的耐久商品和市值的住房；金融资产包括货币和存款、股票之外的有价证券、贷款、股票和其他资产、保险专门储备金。

消费债务占可支配收入百分比

	1995	1998	2000	2005	2008
英国	106.6	109.4	117.1	161.6	183.3
加拿大	103.4	112.0	112.6	129.6	142.6
美国	93.5	97.2	102.8	134.4	133.9
日本	130.2	132.6	134.6	131.9	127.7
法国	65.7	72.5	76.8	91.0	100.1
德国	96.8	109.3	114.5	107.2	98.6*
意大利	32.1	45.3	52.8	65.3	72.5*

*2007 年
资料来源：经济合作与发展组织。

精彩商业书籍

在此选取的都是多年来在浩瀚出版物中脱颖而出的商业书籍。

《门口的野蛮人》
布赖恩·伯勒与约翰·海勒，1990
雷诺兹纳贝斯克的衰败

《竞争力》
迈克尔·波特，1980
如何获得竞争力优势

《公司策略》
伊格尔·安索夫，1965
策略计划概述

《迪尔伯特原则》
斯科特·亚当斯，1996
管理者的荒谬方法

《未来股市》
阿尔文·托夫勒，1970
快速变化令人伤痛，不可避免

《从优秀到卓越》
吉姆·柯林斯，2001
改变需要什么

《企业的人性面》
道格拉斯·麦格雷戈，1960
X 和 Y 理论探源

《追求卓越》
汤姆·彼得斯和罗伯特·沃特曼，1982
提升公司化美国的自尊

《说谎者的扑克牌》
迈克尔·刘易斯,1990
在硅谷谋生

《我在通用汽车的岁月》
艾尔弗雷德·斯隆,1963
通用是如何建立的——创建人自述

《组织者》
威廉·怀特,1956
持久型解析

《彼得原则》
L·J.彼得和R.赫尔,1969
无能力者的提升

《管理实践》
彼得·德鲁克,1954
明确的描述

《科学管理原则》
弗雷德里克·温斯洛·泰勒,1911
真正第一本商业畅销书

《企业再造》
迈克尔·哈默和詹姆斯·钱帕,1993
通过过程设计进行革命

《因小而美》
E·F·舒马赫,1973
题目已经说明了一切

《屋里最聪明的人》
贝萨尼·麦克莱恩和彼得·埃尔金德,2003
安然丑闻性衰败史的最佳讲述者

《策略和结构》
阿尔弗雷德·钱德勒,1962
为什么结构要跟随策略

《引爆点》
马尔科姆·格拉德威尔,2002
小事怎样促成大不同

《提升组织》
罗伯特·汤森,1970
前艾维斯老板告诉世界如果更加努力

编撰人:蒂姆·欣德尔

律师爱用的拉丁语

A fortiori	由于不可抗拒的原因
Ad valorem	价值
Affidavit	他曾说过（发誓声明）
Bona fide	信用好，诚实的，真诚的，没有欺骗（Mala fide 没有信用）
Bona vacantia	未被占有的商品；没有主儿的商品
Caveat emptor	购买者注意
De minimis non curat lex	法律不关注小事
De facto	事实上
Eiusdem generis	同一种类
Ex gratia	帮忙；没有责任
Ex parte	代表一方
Fieri Facias	使之发生
Functus officio	尽力而为，花费
Habeas corpus	恢复健康
Ignorantia legis non excusat	无视法律不是理由
In flagrant delicto	实施犯罪时
In personam	从个人方面，个人的
In re	在……事情上
In rem	从事物方面；现实
Inter alia	在其他事情之中
Inter partes	两方之间
Inter vivos	在生者之间
Intra viires	权力允许的范围之内
Ipso facto	由事实本身判断
Lex fori	听案地法律
Lex Loci	发案地法律
Locus standi	官方立场；确认
Mala in se	过失本身
Mala prohibita	法律禁止的过失
Mandamus	我们下令
Mens rea	有罪的想法
Mutatis mutandis	改变
Nemine contradicente (nem.con.)	无人反对
Nemo dat quod non habet (nemo dat)	无人能证明他没有
Nolle prosequi	不实行
Non est factum	不是他的行为（不是他想要做的）

Obiter dicta	即席评论
Pari pasu	实力相当
Prima facie	面临
Per diem	到那天；一笔付给商人的津贴，支付其出差时的每日费用
Pro rata	以此比率；按比例划分
Pro tempore	目前；有时暂时削减
Quantum meruit Quid pro quo	他值这么多
Ratio decidendi	礼尚往来，以恩报恩（你给我挠背，我给你挠背）
Res ipsa loquitur	不言而喻
Sine die	没有确定时日
Sine qua non	缺少某事物，无法（任何事情都是不可缺少）
Sub judice	在审判之中
Sui generis	在所处类别中
Uberrimae fidei	最有信用
Ultra vires	权利允许范围之外
Verbatim	逐字逐句；准确进行讨论或朗读文章

词语探源

许多术语和表达方法在商业中使用时，人们从来不会多想他们是怎么来的。在此列举一些常用术语和表达方法的来源。

酸性实验（acid test）这一术语意思是测试一下某物的真正价值。这一术语来自金属用作货币的时代，那时用硝酸测试黄金的纯度。

熊（Bear）投机者预测到价格要跌，便卖掉证券。熊们也许会卖空，也就是，卖掉他们没有在手的证券，由此有了这样的说法，这一表达方法指的是词组"在抓住熊之前卖熊皮"。设陷阱捕猎的人也有卖空他们商品的习惯。抛空者在18世纪的伦敦被叫作"熊皮兜售者"。

领头羊（Bellwether）这一术语指的是被密切关注的公司，这些公司指示了整个产业的财富。这一名称来自于带领着羊群的被阉割的公羊。这些羊过去常常带着铃铛，帮助牧羊人在夜晚或是天气恶劣时发现羊群。

基准（Benchmark）这一用于比较商业和金融业绩的技术指的是测量员在静止物体上做的记号，用来为接下来的观察设置参考点。

大奶酪（Big Cheese）重要人物有可能援引殖民时代印度的描述性词语。乌尔都语"Chiz"意思是事物，它像很多其他词组一样，也被英语采纳使用，其意思也转变成表示"好"。

咬枪子（Bite the bullet）与不打麻药遭受手术之苦相比，做艰难的决定很可能会少受痛苦。在现代止痛药物出现之前，士兵们进行手术时，都会给一个颗子弹咬在嘴里，防止痛苦时大喊大叫。

蓝筹（Blue chip）一个美国术语，指的是最高价值扑克筹码的颜色。

老板（Boss）荷兰词语 Baas，意思是主人。这一词语在美洲来自荷兰殖民者，在南非，英国人从南非白人那儿学来。

雄鹿停在这儿了（The buck stop here）19世纪美国玩扑克的人会用射鹿的铅弹来表示哪个玩扑克的人是发牌人，以此决定最终谁来承担发牌责任。

公牛（Bull）买进的投资者都希望价格会涨。这一术语的命名很可能是和熊相对照。在现代股市先驱出现之前的那个时代，牛与熊互相攻击是很受欢迎的体育项目。

现金牛，摇钱树（cash cow）最近广泛使用的一个词。但是奶牛摇钱树（milch cow）一词早在17世纪就开始使用了，意思是发财致富的一种可以信赖的途径。

死猫反弹（Dead cat bounce）在熊市时的小幅提升，如此称呼是因为"纵使猫死了，也要跳几下"。

死木头（Dead wood）某些人或某些物毫无意义，这一词语取自一种造船技术。木材放在龙骨上不为别的什么原因，只为让它坚挺不弯。

给口袋装衬（Line your pockets）有说法称，这一术语来自摄政时期英格兰裁缝师傅的一种做法。在裁缝师傅把服装送给乔治·"美男子"·布鲁梅尔时，总是把钞票塞在口袋里，以求这位有名的花花公子和时尚先锋再次光顾。

食豆小子策略（Pac-Man strategy）一种避免被控制的方法，凭借这一方法，被攻击目标通过向意欲收购它的公司主动提供报价，以此进行反击。这一名称是取自20世纪80年代的电脑游戏。

用鼻子支付（pay throught the nose）9世纪的丹麦人向爱尔兰人强征"鼻子"税。之所以这样叫，是因为那些避税之人鼻子会被切开口子。

毒丸（Poison pill）这一种反控制方法是力图使可能被收购的公司成为一个并没有吸引力的目标。这一名称取自敌军特工在被抓时吞服的氰化物药丸。

红带子，官样文件（Red tape）英国律师和政府官员以前用红色布带子将文件捆绑在一起。这一术语首先被查尔斯·狄更斯用来描述官僚作风。

聪明的亚历克，自作聪明的人（Smart Alec）这一术语最初并没贬义，认为是来自美国的一个骗子亚历克·霍格。他进一步完善了偷盗的方法，这一方法是在妓女和客人在一起的时候，他使用滑动的木板藏在屋里，准备偷窃丝毫没有起疑的嫖客。之后在客人睡着的时候，他拿走钱包和手表等东西。比较之前更受人喜爱的那种在已得到满足的客人熟睡之际破门而入的方法，这一方法被认为是有了很大进步。

雄鹿（stag）某人申请首次公开发售的股票份额，是希望立刻卖掉以获取更加可观的股金。这一术语有如此的来历，是因为雄鹿一词也被用来指称被阉割的公牛。

企业巨头，大亨（Tycoon） 指称富有、成功的商界人士的这一名称来自日语"大君（taikun）"，一名势力强大的军事领导人。这一术语在20世纪早期开始流行开来。

白衣骑士，救星（White knight） 一家公司友好的未来买家受到一个不速之客的威胁。在《爱丽丝梦游仙境》中，女主人公被红衣骑士抓住，但是立刻就被白衣骑士救下。

品牌名称造词

阿司匹林（aspirin）对这种被乙酰化了的水杨酸派生物，拜耳仍然在很多国家对其商标保有拥有权。

人造草（Astro Turf）人造草可以广泛应用在所有人造草平面，是孟山都工业公司（Monsanto Industries）研发出来的产品，起初被称作化学草。

邦迪（Band Aid）这种新颖的塑料黏性胶布是由强生公司（Johnson & Johnson）研制出来的。

比罗（Biro）圆珠笔首先由匈牙利人拉兹罗·比罗于1938年发明。今天，这一名字被用在所有这种书写工具上。这一发明专利由比克·克里斯特尔获得。

气泡衬垫包装纸（Bubble Wrap）透明的充满气泡的塑料纸，用于包装易碎商品，用手去捏爆也蛮有乐趣。指称实物的这一术语是喜悦尔公司（Sealed Air Corporation）的商标。

酒精测定仪（Breathalyser）这一仪器是警察用来检测疑似醉驾司机饮用酒精量的，是德尔格安全公司（Draeger Safety）的商标。

可乐（Coke）任何以可乐为基础的软饮料普遍使用的名字，现在仍是可口可乐（Coca-Cola）的商标。

费罗活页记事本（filofax）在20世纪80年代，记事本被电子工具取代之前，这种记事本的受欢迎程度达到了高峰，任何皮面装订的个人记事本都被称作费罗。费罗公司（The Filofax Company）从1921年就开始了这一产品的生产制造。

弗瑞斯比飞盘（Frisbee）在各种各样的飞盘中，只有沃姆欧（Wham-O）有商标名称，他的注册商标就是弗瑞斯比。

谷歌（Google）互联网搜索引擎已经成为一个动词。去谷歌一下，意思是通过各种可行的手段，从互联网获取信息。

胡佛真空吸尘器（Hoover）曾经是真空吸尘器的同义词，甚至成为了动词。胡佛公司（The Hoover Company）从1907年就开始制造真空吸尘器。

呼啦圈（hula-Hoop）这种围绕臀部或膝盖处旋转的圈，只有沃姆欧生产的才叫呼啦圈。

极可意（Jacuzzi）只有由罗伊·极可意创建的公司生产这种水流浴缸才有权利冠以此名称。

吉普(Jeep) 在崎岖道路上行驶的四轮驾驶汽车只有由吉普公司(Jeep)制造的才可以使用这一名称。吉普公司在第二次世界大战时开始为美国陆军制造这种汽车。戴姆勒—克莱斯勒公司(Daimler-Chrysler)现在拥有吉普公司。

喷射滑板(Jet Ski) 小型机动化私人船只广泛被称为喷射滑板,但是这一术语是商标名称,由日本川崎重工(Kawasaki Heavy Industries of Japan)拥有。

猫粪沙(kitty Litter) 猫猫们在室内寻找解手的地方一定得感谢爱德华·罗伊,是他于1947年发明了猫盒填充料。

舒洁(kleenex) 这一金佰利公司(Kimberley-Clark)产品的品牌名称成为世界各地纸巾的代名词。

亚麻地板革(Linoleum) 1860年由弗雷德里克·沃尔顿在英格兰申请专利,从而给几乎任何人造柔韧地板材料提供了一个名称。力诺(lino),像电动扶梯,而哈默尼科(harmonica)作为商标品牌,很久以前就被遗忘了,只有这一表示类别的术语沿用了下来。

穆扎克背景音乐(Muzak) 无名、温和,稍稍有些恼人的背景音乐在商场和其他公共场所都能听得到,只有由总部在南卡莱罗纳州的同名称公司制造的背景音乐才能被称作穆扎克音乐。

罗威套管(Rawlplug) 1919年罗林斯发明了纤维或者塑料管,从而可以把一根螺丝嵌入砖石建筑的钻孔里。这家公司现在仍然存在,正在与借用其名的数十家制造这一工具的竞争者进行竞争。

直排轮滑(Rollerblade) 这家开启直排轮滑时尚的直排轮滑公司可以拥有这一商标的各项权利。

透明胶带(Scotch Tape) 透明的玻璃纸粘合胶带在美国被广泛称作苏格兰胶带,但是这一名称是3M公司的商标。在英国,这一产品被称作赛璐珞胶带,这是汉高民用黏合剂公司(Henkel Consumer Adhesives)拥有的另一个品牌名称。

泡沫塑料(Styrofoam) 发泡聚苯乙烯经常被称作塑料泡沫,但是这一词语是陶氏化学公司(Dow Chemical Company)的商标。

特富龙(Teflon) 这一商标名称是指杜邦(Dupont)生产的一种稳定的化学性质为惰性的聚四氟乙烯,而不是在厨具上的任何不粘外层。

保温瓶（Thermos）第一批真空保温瓶是 1904 年由德国 GmbH 保温瓶公司制造的。他们的保温瓶商标仍然注册在册。

特百惠（Tupperware）塑料储存盒，如果不是由特百惠公司制造的，无权使用这一名称。

凡士林（Vaseline）联合利华生产的矿油被称作凡士林。任何其他品牌都仅是普通矿油。

随身听（Walkman）移动个人音响如果不是由索尼公司制造，不能使用这一名称。

施乐（Xerox）很多年以来，复印任何图文的机器，通常都被称作施乐机器。由于公司的财政困境以及他从世界办公室的悄悄溜走使得这一说法也消失了。

商业行话

行话可以使人发笑,也会让人不快和迷惑。但它没法做到的就是清晰阐述。他的全部目的就是让英语不再直白。警察变成了执法官员。教师变成了课程履行者。厨师变成了餐饮操作者。

商业是行话大量繁殖的社会区域。会议室里的报告咕哝着诸如"优化"、"买入"和"硬停"这样的词。所有事情必须视情节而动(毕竟,用火煮海是毫无用处的。)总裁们互相询问什么是"光明一面",劝说为难的同事去"摇摇大树",摘那些垂得低低的果子,在无窗的办公室中练习平行扫视。

商业书籍的题目可以作为内部胡言乱语大餐的餐前点心。要为你那塞满行话的出版物创造出题目来,仅仅可以把一个普通动词和一个毫无意义的名词结合起来:"推动变化";"增长策略";"领导执行"。如果你想让你的书进入畅销书排行榜,多加一些错置的激进型语言:"贪婪的增长";"策略暴尸街头";"彻底击溃变化"。

至高无上的行话君王是管理咨询师。他们滔滔不绝地说着那些东西,以至于关于他们的行话也有行话来描述:咨询语。一些地球上最难听的词句出自于薪水最高的人群。

所有这些很容易让我们产生这样一个疑问。为什么商业如此青睐行话?最有感染力的解释是所有这些都是出于强烈的讽刺意味。面无表情、一本正经的总裁们在公众面前把他们自己描述作为"追求完美的六西格玛黑带大师",然而私下里就会忍不住大笑。这是一个太棒的主意。但是对于商业和语言之间这种让人痛苦的关系,还有两个令人信服的解释:地位和托辞。

地位的解释反映出商业渴望其管理与其他专业平起平坐,比如法律、医药和财会。这种渴望的一个表现就是生硬的管理誓言。2009年哈佛商学院的工商管理硕士毕业生第一次说过:"作为一名管理者,我的目的就是把人民和资源融合在一起,共同创造个人所无法创造的价值,为人类更大的幸福服务。因此我要寻找一个行动方向,不断提升我的企业可以为社会创造的价值。"

另一个表现是具有科技特色的词汇。一个令人生畏的词汇有助于经营企业的人获取更多的社会地位。任何人都可以尝试改善事物发挥作用的方式，但是，"优化过程"和"提高价值"的思想更让人印象深刻，那就需要保护有深层知识储备的人员。

这些可以解释为什么创造行话似乎是在知识最不受重视的领域最为需要：进行人员管理的人的工作而已。让团队运转起来、激发同事的热情和处理分歧争端的挑战很大，很少有人会做得很好，那些果真强于判断，善解人意，富有魅力并拥有其他难以教会甚至很难编制成模板广而学之的特色的人更是少之又少。

但是这绝不是去承认优秀的管理者是天生的而不是后天习得的，总裁们使用行话来假装优秀，掩盖自己的不足。人员变成了"人力资源"，也就是一种原材料需要提炼和锤打成型。需要给他们360度的反馈，这是来自那些上级下级同事的评价过程，让人头晕眼花。幸运的人被放置在后继者的团队。

他们随时准备接受心理测试，被迈尔斯—布里格斯指数分类。创造型有时被称作右脑型总裁，逻辑型被称作左脑型总裁。如果你听到有滔滔谈论双脑型领导，他们不是在说医学领域的紊乱。人还可以被分成不同的颜色类型。蓝色思想者是分析型问题解决人；黄色思想者极有可能忽略重要细节。如果你把黄色和蓝色思想者混搭在一个团队，你就很可能会有很多绿色思想者，等等。

如果行话在提升管理者的自我关注意识上发挥作用，那它也会服务于更简单的商业目的。比如说，有一种方法可以用来描述公司回应严重经济衰退的不同做法："人们更穷了。用人们付得起的价格来制造那些高档东西吧。"

还有另一种："由于任意消费消失，公司必须在产品类型、定价、推销以及将创新转化成顾客价值方面作出调整。通过明确提供让人合意的利益并以适当的价格推出，那些大公司就会展现清晰的发展道路。"

信息是相同的，但是咨询师使用前者作为推销的调子，可能就会丧失向那些犹豫不决的顾客要价的机会，更不用说提高他们"钱包里的份额"了。厚厚地裹上行话，会让信息的平淡无奇变得晦涩高深；真的，这样会制造一种深邃甚至是可畏的专业风范。

最让人叫绝的是公司会发明出全新的词汇来描述一个概念。这些新词的使用通常是太丑恶。拿"竞合"为例，就是国内公司有时合作有时竞争的观点而已。或者"适恰杠杆"，就是在内地工作和海外工作之间找到适当平衡的概念。或者"三离聚",描述工具、控制和所用数据之间互相作用的一个词。但是这些词可以帮助他们的发明人赚钱。还有什么更有力的证据能证明一个公司挑战极限,打破常规,用纸面文字做各种各样奇怪的事情?

关于行话的烟雾与镜像歪曲真相理论在近些年繁荣与萧条交替循环的环境下找到了很多佐证。比如公司要解雇员工,会用"减小规模"来说,更好的说法是"适度定员"。如果你必须要选一个词描述代表对贷款人有非正常信用风险,"次级"就是用来表达特别虚假粉饰的一个词。它有如"次优"一样晦暗的性质,这一词也是管理者的最爱。

其他例子应有尽有。债权抵押证券,更有甚者平方(双重)债权抵押证券和立方(三重)债权抵押证券,听来像是由非常聪明的人创造的。许多世界级大银行都被称作"超高"债务的某种东西给拖垮了。谁不会对这样一个名称动心?在平淡无奇话语的罕见胜利中,所有这些坏账后来都被称为"有毒资产(不良资产)",但是到那时,一切都为时甚晚。

行话掩盖事实的能力在艰难时期是用来抚平痛苦的现实已被证明是很有用的。对于解雇人员的公司来说,管理者谈论给企业"降低尺度"或者更好的说法是"适化尺度"。有些人喜欢使用术语"瘦身"来说表示削减成本的过程。即使那些有更好的主意解决冗员,也不会容忍对此事太过诚实。四大会计师事务所中的一个公司通过削减工作周数来节省成本的计划使用了一个并不让人气恼的名字:"弹性未来"。

期待太多的公平是幼稚的表现。以企业间交流的方式诉求更高的清晰度来摒弃它就更有可能引发更多的行话。让人觉得可怕的是,"凯斯原则"指的是"保持简单,便是愚蠢"。但是下次你在工作场所听到行话,不要窃笑。问一下自己隐含的意思。

《经济学人文风指南》建议

行话 要避免。不用行话,你也许会思考得更累,但是你仍然会表达准确。技术术语应该在合适的场合使用;不要超出范围使用。很多实例中,简单语句也可以行得通。"指数样增长"(可以尝试使用"更快"),"分界面"(边界或边境)等等。如果你觉得要写写反歧视行动或者公司管理层的道德标准，你就得解释这些都是什么；运气的话，你不必非得使用实际表达。

总之，避免这类试图严肃地把胡话庄重化的行话：

"被任命者……应该有一个已确认的履历记录，在多地点的国际企业中进行高层次运行，更可取的是在服务为导向或者品牌为导向的环境中进行。"

这一行话为《经济学人》团队发布的一则招聘金融管理者的广告。

"在国家这一层面，这一部门积极向股东承诺…… 这有助于……股东对已认可的变化加入买进。"

在报告中公开声明英国公务员。

"城市安全 T3 适应力规划是一个跨部门的计划，它把专家聚到了一起……使得在适应性和反恐挑战与机遇方面的多产业专业人员为导向的合作成为可能。"

解释的是查塔姆议会。

或者模糊事实：

"这些拨款将会激发行政管理者和教育专家把相关的韵律学应用到评价他们所寻求发展的能力方面，从而取得成就。"

说的是托尼·普罗斯尔引用的备忘日志"好事坏说"〔爱德纳·麦克奈尔·克拉克基金会（The Edna McConnell Clark Foundation）〕。正如普罗斯尔指出，其意思是这一拨款将被用于支付同意给学生测试的教师的工资。

或者仅仅把语言搞得晦涩难懂：

"对于社区安全策略和小学生转送部门相关联的正面行为，多媒介项目迎合了对年轻人的全面牵制规定。"

这其实是卢顿教育部门在描述卡丁车课程。

有较好的"人际交往技巧"的人会和其他人"交往得很好"。那些"为人父母的技巧"方面很差的人很可能"不是好爸爸、好妈妈"。负面的健康结果很可能就是生病或死亡。聪明的媒体为高端观众加上了标签，"客户价值是可能是为富人准备的优秀出版物"。

……还有新闻笔调和俚语

使用俚语不要太过自由，比如："1994 年他真的是经历了大日子"。俚语，就像比喻，如果要让它显示效果，只能偶尔使用。避免使用只有新闻记者才使用的表达方法。比如：对人们"翘起大拇指，拇指朝下予以反对或者绿灯给予准许"。避开"肥肉火车（飞来福，肥差）"和"意大利腊肠政策（渐进政策）"，不要使用类似"大药房（大制药公司）"之类的词。

反对去说没有万灵药了。当你发现某事真的成了万灵药（或者"魔法"或"银弹"一样高明的方法），那一定是成了新闻。同样，不要主动去安慰，没必要恐惧。而是要确确实实地问问自己，何时需要恐惧。

懒惰的商业新闻记者经常以描述"惹上麻烦"的公司 C 的问题为乐。那些"落点到位的内部人士"预测，万向节头产业革命的一个受害者（在这类产业中的变化总是彻底革命性的）会被"要么成功要么毁灭的罢工"给狠力劈开，除非一个"主要玩家在马拉松式"的谈判会议中作一次 11 个小时（或者"最后一招"）的斡旋。

佳作六原则

不要呆板生硬 使用日常交流的语言，不用演讲者、律师或者官员的语言（因此倾向于使用"让"而不是"允许"、"人"而不是"人员"、"买"而不是"购买"、"同事"而不是"同辈"、"门口"而不是"出口"、"礼物"而不是"馈赠"、"有钱"而不是"富裕"、"显示"而不是"展示"、"破坏"而不是"触犯"）。词藻华丽、慢条斯理很容易让意义更加晦涩，意思不充实。把这些问题赶走，使用平实的语言。

不要专横高傲 那些跟你有不同观点的人不一定就是愚蠢疯狂。没有人应该被说成是傻子：你要让你的分析表明他是。当你表达观点时，不要简单地去断言。你的目标不是仅仅要告诉读者你在想什么，而是要说服他们；如果你使用论证、推理和举证，你就会成功实现这一目标。

不要自鸣得意 不要吹嘘自己有多聪明，告诉读者你正确地预测了某事或者你有独家新闻，这样很可能会让读者很恼很烦，你不会给他们留下什么印象。

不要喋喋饶舌 "惊讶，惊讶"这样的用词更让人烦，不如直接提供信息。所以"噢，不"，还有句子中间的"等一下"等等也是同样的效果。

不要迂腐说教 如果太多句子是以"比较、考虑、期望、想象、看、注意、准备、记住或者理解"开头的，读者会认为他们在读教科书（或者，更确切说，一本时尚杂志）。

表达明白易懂，思路清晰（"我觉得只有一条规则：清楚"，斯滕德尔）简单句很有益处。让那些复杂的句式和各种花样减到最少，如果必要，记住《纽约客》的评论："倒写句子，直到头脑发晕"。

资料来源：《经济学人：文风指南》。

重要邮件

如果把战时充满激情的演讲冠之以现代内容，让现代管理者来演说，会出现什么效果？给工作在俄罗斯萨哈林二号（Sakhalin II）石油天然气项目的工程师们的一封邮件给我们提供了答案。壳牌联营企业的戴维·格雷尔为邮件加了标题"所有管路专家"告诫他的员工"带领我，跟随我，或者离我远点"。

这一内部邮件由于现代行话（把你个人和你们团队的精神提起来）和旧式风格的古怪混搭而让人印象深刻。在这一点上，格雷尔先生说，他确信，工程师们还是小孩子的时候，都羡慕"弹子游戏玩胜了的人"。说来也许不合场合，原因就是格雷尔把他"弹子游戏"以及其他的一切措辞都归功于1944年乔治·巴顿将军给美军部队所做的一次发自肺腑的演讲。

"传统上，所有美国人都爱打仗，"巴顿声音如雷。"所有真正的美国人都爱战斗的圈套和冲突。"格雷尔先生明智地调整了一下措辞。"传统上，管道专家和工程师们都爱战斗和胜利，所有真正的工程师都爱难题的圈套和冲突。"巴顿借助群体身份来鼓舞部队的士气（"美国人鄙视懦夫。美国人从来都是玩就要胜的"）。格雷尔先生决定加上个人情感："我鄙视懦夫，我从来都是玩就要胜的。"

对于格雷尔先生来说比较好的是，他在邮件泄漏之后不久就辞职了。他的意图无疑是好的。但是他应该知道，自己的声音应该更明智一些。巴顿以一种无法仿效的风格结束了自己的激情演讲；"20年以后，你也许会感到欣慰，当你坐下来……你的孙子坐在你的膝盖上，他会问你，在伟大的第二次世界大战中，你做过什么。你不会假装咳嗽，把他换到另一条腿上，说：'呃，爷爷在路易斯安那州铲屎。'""今天，如果我建立了管理恢复计划支援队"就不会有同样的情况出现。

商业定律与原则

本福德定律 很多数据资源中的数字列表中，以1为首位数字的出现概率比其他数字要高（约为总数的30%）。这一定律由美国天文学家西蒙·纽科姆于1881年发现。他指出，对数书籍的开头页张比其他页张更常翻到，而且，位数越高，这一现象越不容易发生。这一点也适用于数学常数，同样适用于物业账单、地址、股票价格、生老病死统计数据、山脉高度等。

布鲁克定律 "添加一个人力给一个无法按期完成的软件项目会让项目完成得更晚"。在弗雷德·布鲁克《人月神话》一书中，他如是说。

古德哈特定律 "任何通过观察得到的统计规律，一旦因为控制目的而给予压力，那么规律就会瓦解。"这就是20世纪80年代英格兰银行的首席顾问查尔斯·古德哈特所阐明的定律。这一定律经过改进更加简明扼要，"当一项措施成为目标时，他就不再是一项好的措施。"

格雷沙姆定律 "劣币驱逐良币。"如果法定货币的硬币包含有不同价值的金属，那么由廉价金属制造的硬币将会用于支付，使用昂贵金属制造的硬币将会被储藏，并从流通领域消失。这一定律是根据英国金融家和伦敦皇家交易所创始人托马斯·格雷沙姆（1519—1579）的名字来命名的。

摩尔定律 "集成电路上的晶体管数目每隔18—24个月会增加一倍"。这是英特尔创始人戈登·摩尔1961年关于半导体技术发展速度所做的观察。

墨菲定律 凡是可能出错的事情都会出错。

帕金森定律 "工作扩展延长从而占满所有可用的时间去完成这一工作"是塞西尔·诺斯科特·帕金森1955年在《经济学人》中提出的。

帕金森统计定律 数据扩展以充满可用的储存空间，因此获得更多的内存会激发技术的采用从而要求更多的内存。

彼得原理 在一个等级制度中，每个雇员都趋向于上升到它所不能胜任的地位上。1969年劳伦斯·彼得和雷蒙德·赫尔在他们出版的同名著作中如是说。

赖利定律 零售引力定律认为，人们通常是被吸引到所在地区最大的购物中心。美国学者威廉·赖利在1931年出版的一本书中提出了这一定律。

帕雷托法则 也被称为 80/20 法则,是以意大利经济学家维尔弗雷多·帕雷托(1848—1923)的名字命名的。它测定 80% 的活动来自 20% 的人,这一原则被美国管理巨头约瑟夫·朱兰扩展了使用范围(或者说仅仅是误解),它认为在很多环境中,80% 的结果是来自于 20% 的原因。也就是说,在很多实例中,一个大数量的结果是来自于一个小数量的原因,即 80% 的问题是来自于 20% 的设备或劳动力。

赛伊定律 总供给创造了它自己的总需求。这一定律要归功于法国经济学家让·巴普蒂斯特·赛伊(1767—1832)。如果在自由市场经济中产出增加,销售将给产品生产者同样数量的收入,这部分收入将重新进入经济,并创造出对这些商品的需求。

凯恩斯定律 归功于英国经济学家约翰·梅纳德·凯恩斯(1883—1946)。这一定律认为,反面观点才是真实的,也就是"需求创造出它本身的供给",因为企业以其雇员最大容量上限为准增加生产以满足需求。

顶尖商学院

《经济学人》排名（2009年）

纳瓦拉大学高等商业研究院	西班牙
国际管理发展学院	瑞士
加利福尼亚大学伯克利分校哈斯商学院	美国
芝加哥大学布斯商学院	美国
哈佛商学院	美国
达特茅斯学院塔克商学院	美国
斯坦福大学商业研究生院	美国
伦敦商学院	英国
宾夕法尼亚大学沃顿商学院	美国
弗拉瑞克—鲁汶—根特管理学院	比利时
剑桥大学佳奇商学院	英国
约克大学斯古里克商学院	加拿大
纽约大学斯特恩商学院	美国
巴黎高等商学院	法国
西北大学凯洛格商学院	美国

资料来源：《经济学人》。

《金融时报》排名（2009年）

宾夕法尼亚大学沃顿商学院	美国
伦敦商学院	英国
哈佛商学院	美国
哥伦比亚商学院	美国
欧洲工商管理学院	法国/新加坡
斯坦福大学商业研究生院	美国
西班牙企业学院	西班牙
中欧国际商学院	中国
麻省理工斯隆商学院	美国
纽约大学斯特恩商学院	美国
芝加哥大学布斯商学院	美国
纳瓦拉大学高等商业研究院	西班牙
达特茅斯学院塔克商学院	美国
国际管理发展学院	瑞士

资料来源：《金融时报》。

商学院成本与收益

	成本*, 千美元	五年收益, 千美元†	工商管理硕士前, 千美元	工商管理硕士后, 千美元
美国				
斯坦福大学商业研究生院	82	85	102	225
达特茅斯学院塔克商学院	70	80	94	205
哈佛商学院	82	79	102	215
芝加哥大学布斯商学院	71	63	97	210
宾夕法尼亚大学沃顿商学院	75	57	100	200
哥伦比亚商学院	70	57	99	182
康奈尔大学约翰逊布斯商学院	60	57	92	168
美国境外				
欧洲工商管理学院	67	192	64	218
国际管理发展学院	74	177	77	240
伦敦商学院	73	121	64	209
西班牙企业学院	69	95	33	150
曼彻斯特大学曼彻斯特商学院	57	92	41	150
剑桥大学佳奇商学院	56	91	60	149
牛津大学赛德商学院	56	89	69	167
纳瓦拉大学高等商业研究院	91	83	43	178
中欧国际商学院	36	76	13	67

* 州外学生完成工商管理硕士的学费。
† 毕业之后五年酬金总额减去学费总额和放弃的酬金。
资料来源:《福布斯》。

从个人电脑到掌上电脑

各地区个人电脑全球出货量

地区	2004	2005	2008
亚太地区（不含日本）	27,914,774	31,380,848	72,877,418
加拿大	2,698,500	3,116,000	6,233,887
中/东欧	8,592,836	9,837,482	21,832,037
日本	6,402,764	6,848,501	14,246,950
拉丁美洲	9,315,073	11,999,442	26,565,271
中东/非洲	5,004,240	6,091,260	14,731,183
美国	39,352,166	39,697,902	65,482,674
西欧	25,238,776	26,134,701	65,348,730
世界	124,519,128	136,106,136	287,318,151

全球笔记本电脑和超薄型电脑出货量

地区	规格	2004	2005	2008
全球	笔记本电脑	43,865,481	59,412,310	136,131,524
全球	超薄型电脑	5,059,138	5,888,260	6,291,820

全球和美国掌上电脑出货量

地区	2003	2004	2005
全球	10,572,143	9,127,726	7,646,638
美国	5,066,184	3,698,966	2,650,007

资料来源：国际数据公司（IDC）。

全球和美国黑莓手机出货量

地区	2003	2004	2005	2008
全球	490,263	2,660,899	4,072,122	23,500,000
美国	377,690	1,958,167	2,752,352	

注释：数据只包括智能手机，不包括掌上电脑出货量。
资料来源：国际数据公司。

芯片的力量

	晶体管(百万)	处理器
1971	0.00225	4004
1972	0.0025	8008
1974	0.005	8080
1978	0.029	8086
1982	0.12	286
1985	0.275	英特尔386
1989	1.18	英特尔486
1993	3.1	奔腾
1997	7.5	奔腾2
1999	28	奔腾3
2000	42	奔腾4
2002	220	安腾
2004	592	安腾2
2006	1,720	双核安腾2
2010	2,000	图克维拉

注释:芯片处理能力的进步一直是遵循着摩尔定律的道路。据摩尔定律,晶体管的数量每隔18—24个月翻一番。
资料来源:英特尔。

电脑处理成本

年代	1944	1970	1984	1997	2008
成本(美元)	200,000	4,674,160	3,995	999	1,000
每秒指令数目*	0.000003	12.5	8.3	166	76,383
每秒指令数目的成本 $	65,941,300,000	373,933	479	6	0.01

* 每秒指令数目,以百万为单位。
资料来源:达拉斯联邦储备银行;《经济学人》。

盗版软件的冲击

地区损失，2008 年

	十亿美元
全球	53.0
亚洲太平洋地区	15.3
西欧	13.0
北美	10.4
东欧	7.0
拉丁美洲	4.3
中东和非洲	3.0

国家损失，2008 年

	百万美元
美国	9,143
中国	6,677
俄罗斯	4,215
印度	2,768
法国	2,760
英国	2,181
德国	2,152
意大利	1,895
巴西	1,645
日本	1,495
加拿大	1,222
西班牙	1,029
墨西哥	823
波兰	648
韩国	622
澳大利亚	613
泰国	609
荷兰	53
印度尼西亚	544
乌克兰	534
委内瑞拉	484

资料来源：国际数据公司；商业软件联盟（BSA）。

垃圾邮件和电子邮件

主要垃圾邮件生产国

2009 年第一季度	占总额 %		地区中继（%）
美国	15.8	亚洲	34.8
巴西	10.2	欧洲	23.6
中国（包括香港）	7.7	北美	19.4
印度	5.1	南美	19.0
土耳其	4.1	非洲	2.0
韩国	3.8	其他	1.2
俄罗斯	3.8		
西班牙	3.0		
阿根廷	2.8		
波兰	2.6		
哥伦比亚	2.6		
意大利	2.3		
其他	36.2		

资料来源：索福斯（Sophos）。

垃圾邮件和电子邮件预报

十亿（不包括具体说明项）	2008	2009	2010	2011	2012
每日全球发送的信息	210	247	294	349	419
每日全球垃圾邮件往来量	164	199	238	286	347
每日垃圾邮件占信息总量 %	78	80	81	82	83
每日传输的垃圾信息量	93	109	128	153	183
每日公司信息	77	92	108	129	155
每日公司垃圾信息	48	59	69	84	102
每日公司垃圾邮件占公司信息总量 %	62	64	64	65	66
每日传输的公司垃圾信息	30	35	41	48	58
每日消费信息	132	156	186	220	264
每日消费垃圾信息	116	140	169	202	244
每日消费垃圾信息占消费信息 %	88	90	91	92	93

资料来源：拉迪卡蒂集团（The Radicati Group）。

播客事实

苹果播放器（iPod）销售量，* 百万

2006	39,409	2008	54,828
2007	51,630	2009	33,737†

*财年，9月结束 †前半年。
资料来源：苹果。

单轨下载，合法音乐下载量，百万

	2007	2008	增长，%
法国	11	15	27
德国	31	37	22
英国	78	110	42
美国	844	1,072	27
世界	1,129	1,400	24

资料来源：国际唱片业协会（IFPI）。

全球便携数码音乐播放器出货量，百万

	2002	2003	2004	2005	2006	2008
闪存	2.8	12.5	26.4	101.5	149.8	188.2
硬盘	0.9	2.7	12.5	20.5	21.5	12.3
总额	3.7	15.1	38.9	122.0	171.4	200.5

播客的增长

	2008	2009	2010	2011	2012	2013
美国播客观众，百万	17.4	21.9	26.7	30.6	34.6	37.6
占美国互联网用户 %	9.0	11.0	13.0	14.5	16.0	17.0

下载播客的互联网用户，2008 年

	用户（百万）	占人口百分比		用户（百万）	占人口百分比
中国	45.4	5.4	菲律宾	2.3	4.5
美国	29.5	16.2	澳大利亚	2.1	16.7
韩国	13.7	21.3	加拿大	2.1	10.4
印度	10.3	1.6	波兰	1.7	6.9
巴西	9.5	8.2	荷兰	1.6	15.8
日本	9.0	11.8	罗马尼亚	1.4	10.3
英国	7.5	20.6	巴基斯坦	1.2	1.4
德国	6.6	13.3	中国香港	0.8	16.7
西班牙	5.6	22.5	瑞士	0.8	17.5
俄罗斯	5.0	5.5	奥地利	0.5	9.4
墨西哥	4.8	7.9	丹麦	0.5	15.5
法国	4.4	11.7	捷克共和国	0.4	6.4
中国台湾	3.5	24.0	希腊	0.4	6.4
意大利	2.6	7.4	匈牙利	0.3	6.5
土耳其	2.6	6.0			

注释：仅为所选国家，针对年龄在 15—64 岁的每日互联网用户。
资料来源：电子市场研究有限公司（eMarketer Inc）。

下载播客的互联网用户，占调查对象百分比

	2006	2007	2008
中国	24.3	51.8	74.3
菲律宾	8.3	26.4	61.3
俄罗斯	13.8	12.6	57.9
西班牙	20.8	16.6	51.0
韩国	17.9	23.8	49.2
英国	14.3	22.2	42.2
澳大利亚	14.4	21.7	40.2
德国	12.5	8.9	34.8
法国	25.2	20.9	34.2
美国	12.7	14.3	29.5
意大利	16.2	14.7	25.1
世界范围	18.4	21.8	48.8

注释：仅为所选国家，针对年龄在 15—64 岁的每日互联网用户。
资料来源：电子市场研究有限公司（eMarketer Inc）。

互联网后缀

阿富汗	.af	保加利亚	.bg
奥兰群岛	.ax	布基纳法索	.bf
阿尔巴尼亚	.al	布隆迪	.bi
阿尔及利亚	.dz	柬埔寨	.kh
美属萨摩亚	.as	喀麦隆	.cm
安道尔	.ad	加拿大	.ca
安哥拉	.ao	佛得角	.cv
安圭拉岛	.ai	开曼群岛	.ky
南极洲	.aq	中非共和国	.cf
安提瓜和巴布达	.ag	乍得	.td
阿根廷	.ar	智利	.ci
亚美尼亚	.am	中国	.cn
阿鲁巴	.aw	圣诞岛	.cx
阿森松岛	.ac	科科斯（基林）群岛	.cc
澳大利亚	.au	哥伦比亚	.co
奥地利	.at	科摩罗	.km
阿塞拜疆	.az	刚果——金沙萨（刚果民主共和国）	.cd
巴哈马	.bs	刚果—布拉柴维尔（刚果共和国）	.cg
巴林	.bh	库克群岛	.ck
孟加拉	.bd	哥斯达黎加	.cr
巴巴多斯	.bb	象牙海岸	.ci
白俄罗斯	.by	克罗地亚	.hr
比利时	.be	古巴	.cu
伯利兹	.bz	塞浦路斯	.cy
贝宁	bj	捷克共和国	.cz
百慕大群岛	.bm	丹麦	.dk
不丹	.bt	吉布提	.dj
玻利维亚	.bo	多米尼加	.dm
波斯尼亚和黑塞哥维那	.ba	多米尼加共和国	.do
博茨瓦纳	.bw	厄瓜多尔	.ec
布维岛	.bv	埃及	.eg
巴西	.br	萨尔瓦多	.sv
英属印度洋领地	io	赤道几内亚	.gq
文莱	.bn		
厄立特里亚	.er	伊拉克	.iq
爱沙尼亚	.ee	爱尔兰	.ie
埃塞俄比亚	.et	马恩岛	.im
福克兰群岛	.fk	以色列	.il
法罗群岛	.fo	意大利	.it

续表

斐济	.fj	牙买加	.jm
芬兰	.fi	日本	.jp
法国	.fr	泽西岛	.je
法属圭亚那	gf	约旦	.jo
法属波利尼西亚	.pf	哈萨克斯坦	.kz
法属南半球领地	.tf	肯尼亚	.ke
加蓬	.ga	吉尔吉斯斯坦	.kg
冈比亚	.gm	基里巴斯	.ki
格鲁吉亚	.ge	科威特	.kw
德国	.de	老挝	.la
加纳	.gh	拉脱维亚	.lv
直布罗陀	.gi	黎巴嫩	.lb
希腊	.gr	莱索托	.ls
格陵兰岛	.gl	利比里亚	.lr
格林纳达	.gd	利比亚	.ly
瓜德罗普	.gp	列支敦士登	.li
关岛	.gu	立陶宛	.lt
危地马拉	.gt	卢森堡	.lu
格恩西岛	.gg	澳门	.mo
几内亚	.gn	马其顿	.mk
几内亚比绍	.gw	马达加斯加	.mg
圭亚那	.gy	马拉维	.mw
海地	.ht	马来西亚	.my
赫德和麦克唐纳群岛	.hm	马尔代夫	.mv
洪都拉斯	.hn	马里	.ml
中国香港	.hk	马耳他	.mt
匈牙利	.hu	马绍尔群岛	.mh
冰岛	.is	马提尼克岛	.mq
印度	.in	毛里塔尼亚	.mr
印度尼西亚	.id	毛里求斯	.mu
伊朗	.ir	马约特岛	.yt
		墨西哥	.mx
		密克罗尼西亚	.fm
摩尔多瓦	.md	波兰	.pl
摩纳哥	.mc	葡萄牙	.pt
蒙古	.mn	波多黎各	.pr
蒙塞拉特	.ms	卡塔尔	.qa
黑山共和国	.me	留尼汪岛	.re
摩洛哥	.ma	罗马尼亚	.ro
莫桑比克	.mz	俄罗斯	.ru
缅甸	.mm	卢旺达	rw

互联网后缀

续表

纳米比亚	.na	圣巴塞莱梅	.bl
瑙鲁	.nr	圣基茨岛和尼维斯岛	.kn
尼泊尔	.np	圣卢西亚岛	.lc
荷兰	.nl	圣马丁	.mf
荷属安地列斯群岛	.an	圣皮埃尔岛和密克隆岛	.pm
新喀里多尼亚	.nc	圣文森特和格林纳丁斯	.vc
新西兰	.nz	萨摩亚	.ws
尼加拉瓜	.ni	圣马力诺	.sm
尼日尔	.ne	圣多美和普林西比	.st
尼日利亚	.ng	沙特阿拉伯	.sa
纽埃岛	.nu	塞内加尔	.sn
诺福克岛	.nf	塞舌尔	.sc
朝鲜（朝鲜民主主义人民共和国）	.kp	塞尔维亚	.rs
北马里亚纳群岛	.mp	塞拉利昂	.sl
挪威	.no	新加坡	.sg
阿曼	.om	斯洛伐克	.sk
巴基斯坦	.pk	斯洛文尼亚	.si
帕劳群岛	.pw	所罗门群岛	.sb
巴勒斯坦领地	.ps	索马里	.so
巴拿马	.pa	南非	.za
巴布亚新几内亚	.pg	韩国	.kr
巴拉圭	.py	南乔治亚岛和南桑德韦奇岛	.gs
秘鲁	.pe	西班牙	.es
菲律宾	.ph	斯里兰卡	.lk
皮特凯恩	.pn	圣海伦娜	.sh
圣皮埃尔岛和密克隆岛	.pm	英属维京群岛	.vg
苏丹	.sd	美属维京群岛	.vi
苏里南	.sr	瓦利斯和富图纳群岛	.wf
斯瓦尔巴德岛和扬麦延岛	.sj	西撒哈拉	.eh
斯威士兰	.sz	也门	.ye
瑞典	.se	扎伊尔	.cd
瑞士	.ch	赞比亚	.zm
叙利亚	.sy	津巴布韦	.zw
中国台湾	.tw		
塔吉克斯坦	.tj		
坦桑尼亚	.tz	航空	.aero
泰国	.th	泛亚	.asia
东帝汶	.tl	商业	.biz
多哥	.tg	加泰罗尼亚社会	.cat
托克劳群岛	.tk	通用类属	.com

互联网后缀

续表

汤加	.to	合作组织	.coop
特立尼达和多巴哥	.tt	教育	.edu
突尼斯	.tn	欧盟	.eu
土耳其	.tr	美国政府	.gov
土库曼斯坦	.tm	信息	.info
特克斯和凯科斯群岛	.tc	国际政府组织	.int
图瓦卢	.tv	人力资源经理	.jobs
乌干达	.ug	美国国防部	.mil
乌克兰	.ua	移动产品和服务	.mobi
阿拉伯联合酋长国	.ae	博物馆	.museum
英国	.gb	个人	.name
美国	.us	网络	.net
美属海外领地	.um	组织机构	.org
乌拉圭	.uy	专业	.pro
乌兹别克斯坦	.uz	通用联络数据	.tel
瓦努阿图	.vu	旅游产业	.travel
梵蒂冈	.va		
委内瑞拉	.ve		
越南	.vn		

资料来源：互联网编号分配局（Internet Assigned Numbers Authority）。

互联网使用

世界互联网使用，2008 年 3 月

地区	互联网用户	渗透率 %	占世界使用量百分比	使用量增长，2000—2008(%)
非洲	54.2	5.6	3.4	1,100.0
亚洲	657.2	17.4	41.2	474.9
欧洲	393.4	48.9	24.6	274.3
中东	45.9	23.3	2.9	1,296.2
北美	251.3	74.4	15.7	132.5
拉丁美洲和加勒比地区	173.6	29.9	10.9	860.9
大洋洲/澳大利亚	20.8	60.4	1.3	172.7
世界总量	1,596.3	23.8	100.0	342.2

资料来源：internetworldstats.com。

语言使用前十位，2008 年 3 月

语言	互联网用户，百万	占用户总量 %	语言使用人数，百万	渗透率（%）	用户增长，2000—2008（%）
英语	463.8	29.1	1,247.9	37.2	226.7
汉语	321.4	20.1	1,365.1	23.5	894.8
西班牙语	130.8	8.2	408.8	32.0	619.3
日语	94.0	5.9	127.3	73.8	99.7
法语	73.6	4.6	414.0	17.8	503.4
葡萄牙语	72.6	4.5	244.1	29.7	857.7
德语	65.2	4.1	96.4	67.7	135.5
阿拉伯语	41.4	2.6	291.1	14.2	1,545.2
俄语	38.0	2.4	140.7	27.0	1,125.8
韩语	36.8	2.3	70.9	51.9	93.3
前十位语言	1,337.5	83.8	4,406.3	30.4	329.2
世界其他语言	258.7	16.2	2,303.7	11.2	424.5
世界总量	1,596.3	100.0	6.710.0	23.8	342.2

资料来源：internetworldstats.com。

全球平均互联网使用量,2009 年 5 月

每人每月访问量/时长	37
每人每月访问域数量	70
每人每月网页量	1,591
每次上网浏览网页量	42
每月使用电脑时长	38:00:14
每次网上浏览花费时间	01:02:11
每张网页浏览时长	00:00:51
活跃数码媒体系	381,285,866
当前数码媒体系估算量	574,175,185

资料来源:尼尔森在线(Nielsen Online)。

主要互联网搜索地址,2008 年 12 月

	搜索量,百万	每日搜索量,百万	搜索份额(%)
谷歌	5,421.9	174.9	62.9
雅虎!	1,448.1	46.7	16.8
微软网络服务/微软在线	851.5	27.5	9.9
美国在线	357.0	11.5	4.1
问	169.1	5.5	2.0
其他	376.0	12.1	4.4
总量	8,623.7	278.2	100.0

资料来源:搜索引擎观察(Search Engine Watch)。

十大搜索主题,2008 年

经济主题	问题"什么是……"
金融危机	什么是爱
经济萧条	什么是生活
政府救助	什么是爪哇编程语言(java)
抵押贷款危机	什么是稳定抽象原则(SAP)
华尔街	什么是系统相对灵敏性 RSS
石油	什么是科学论派
股票市场	什么是孤独症
次级贷款	什么是红斑狼疮
信用危机	什么是 3G
住房危机	什么是艺术

资料来源:谷歌。

互联网增长

年末	用户，百万	占世界人口（%）
95 年 12 月	16	0.4
96 年 12 月	36	0.9
97 年 12 月	70	1.7
98 年 12 月	159	2.9
99 年 12 月	248	4.1
00 年 12 月	451	7.4
01 年 12 月	536	8.6
02 年 12 月	598	9.6
03 年 12 月	719	11.1
04 年 12 月	817	12.7
05 年 12 月	1,018	15.7
06 年 12 月	1,093	16.7
07 年 12 月	1,319	20.0
08 年 12 月	1,574	23.5
09 年 3 月	1,596	23.8

资料来源：internetworldstats.com。

互联网主机的增长

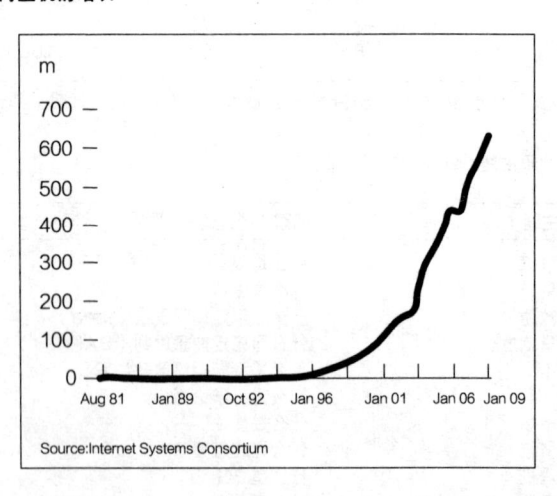

资料来源：互联网系统联盟（Internet System Consortium）。

博客写不停

博客统计

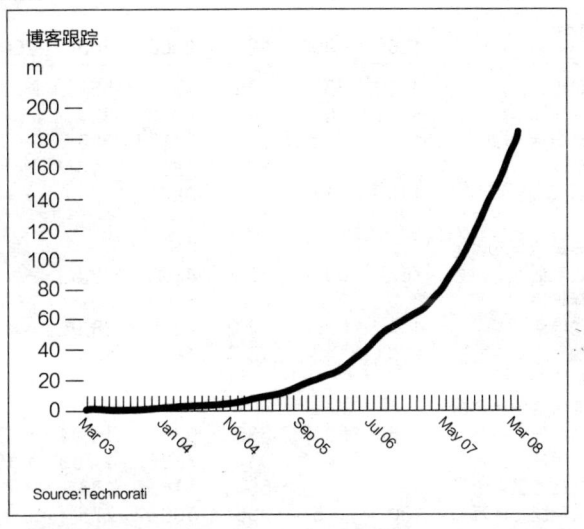

博客跟踪
m

（图表：2003年3月至2008年3月博客数量增长曲线，从接近0增长至约190m）

Source:Technorati

资料来源：博客搜索服务（Technorati）。

各语言博客帖子，2009 年 6 月

1 英语
2 日语
3 西班牙语
4 法语
5 葡萄牙语
6 意大利语
7 德语
8 汉语
9 印度尼西亚语
10 荷兰语

资料来源：博客搜索服务。

电 信

各种类世界电信服务税收,十亿美元

	1991	1993	1995	2000	2004	2008
固定电话	331	359	428	477	552	…
国际长途	37	46	53	60	32	…
移动电话	19	35	78	278	506	…
其他	53	77	89	165	210	…
总量	440	517	648	980	1,300	…
占总量的百分比						
固定电话	75.2	69.4	66.0	48.7	42.5	…
国际长途	8.4	8.9	8.2	6.1	2.5	…
移动电话	4.3	6.8	12.0	28.4	38.9	…
其他	12.0	14.9	13.7	16.8	16.2	…
其他电信统计数据						
固话用户,百万	546	604	689	975	1,204	1,267
移动用户,百万	16	34	91	738	1,763	4,100
国际话务量,十亿	38	49	63	114	166	…
个人电脑,百万	130	175	235	500	775	…

资料来源:国际电信联合会(International Telecommunication Union)。

电话价格

纽约至伦敦三分钟电话费用,(1990年,美元)

1930	1960	1990	1999	2006	2009
145	47.5	3.00	0.35	0.19	0.05

各地区固话用户(百万)

	2000	2005	2008	2008渗透率(%)
非洲	19.7	28.3	31.6	3.4
美洲	290.1	296.8	281.6	30.7
亚洲	339.9	596.9	634.0	15.8
欧洲	316.9	328.6	318.8	39.4

续表

大洋洲	12.6	13.6	11.5	33.8
世界总量	979.2	1,264.1	1,277.5	19.1

资料来源：国际电信联合会。

各地区移动电话用户（百万）

	2000	2005	2008	2008 渗透率（%）
非洲	15.6	130.3	364.3	38.5
美洲	182.0	458.8	751.9	81.7
亚洲	240.6	849.8	1,910.7	47.6
欧洲	291.5	675.6	959.0	118.7
大洋洲	10.3	22.5	28.3	82.5
世界总量	740.0	1,137.0	4,014.2	59.7

资料来源：国际电信联合会。

史上部分首次电信信息

- "上帝到底在造啥?"1844年5月24日,由塞缪尔·摩尔斯首次发送了电报信息。
- "沃特森先生,快来我这儿吧。我想见到你。"1876年3月10日,亚历山大·格雷厄姆·贝尔进行了第一次电话通话。
- "……"摩尔斯电码字母S,是1901年12月12日从英格兰到加拿大发送的首条跨大西洋无线信息,使用古利莫·马可尼发明的设备发送的。
- "QWERTYUIOP"被认为是首次电子邮件信息的近似正文,1971年由雷·汤姆林森进行测试。

公司豪华生活

世界商用机队

2008	世界总量	北美	欧洲	亚洲和中东	大洋洲	其他
喷气式飞机	16,605	11,824	2,507	853	150	1,271
涡轮螺桨飞机	12,127	8,185	1,102	487	309	2,044

世界商用飞机平均寿命

2008	年限
重型喷气式飞机	12.5
中型喷气式飞机	15.5
轻型喷气式飞机	18.4
超轻型喷气式飞机	1.6
重型涡轮螺桨飞机	21.0
中型涡轮螺桨飞机	24.5
轻型涡轮螺桨飞机	18.2

小型机队总结

2008	飞机	股东*
喷气式飞机	956	5,565
涡轮螺桨飞机	122	778
直升机	13	57

2008	年限	飞机
主要供应商	6.1	908
次要供应商	7.8	183

* 股东信息只针对美国运行的飞机。

资料来源:纽约州尤蒂卡市杰特耐特有限责任公司,13501(JETNET LLC)。

繁忙机场之最

客运

	乘客总人数（百万）2008年
亚特兰大，哈茨菲尔德机场	89.4
芝加哥，奥黑尔机场	68.3
伦敦，希思罗机场	66.5
东京，羽田机场	65.9
巴黎，戴高乐机场	60.2
洛杉矶，国际机场	58.6
北京，首都机场	57.7
达拉斯，沃尔斯堡机场	56.3
法兰克福，中央机场	52.5
丹佛，国际机场	50.8
马德里，巴拉哈斯机场	49.4
中国香港，国际机场	47.4
阿姆斯特丹，史基普机场	46.2
纽约，肯尼迪机场	46.1

货运

	货物总量（百万吨）2008年
孟菲斯，国际机场	3.65
中国香港，国际机场	3.52
上海，浦东国际机场	2.50
首尔，仁川机场	2.33
安克雷奇，国际机场	2.23
法兰克福，中央机场	2.03
巴黎，戴高乐机场	1.99
东京，成田机场	1.98
路易斯维尔，斯坦迪福特机场	1.94
迪拜，国际机场	1.82
新加坡，樟宜机场	1.82
迈阿密，国际机场	1.73
洛杉矶，国际机场	1.53
阿姆斯特丹，史基普机场	1.49
伦敦，希思罗机场	1.43

资料来源：国际机场委员会（Airports Council International）。

踏板的力量

- 根据世界观察研究所（Worldwatch Institute），全世界范围的自行车生产1950年是1,100万辆，1960年是2,000万辆，1970年是3,600万辆，1980年是6,200万辆，1990年是9,200万辆，2000年是1.04亿辆，2007年是1.3亿辆。
- 中国仍然保持着第一大生产者的地位。在世界范围生产的自行车中每三辆中就有两辆由中国生产。印度、欧盟、中国台湾、印度尼西亚和巴西紧跟其后，共同占有世界自行车生产总量的1/4。
- 随着更多人转向汽车，中国的自行车比率持续下降，中国城市仍注册有世界上最高的自行车比率，一些城市自行车占所有出行方式的一半。
- 在西方，荷兰、丹麦和德国拥有最高的自行车比率，2007年出行比率从10%到27%不等。在英国、澳大利亚和美国，自行车比率大约是1%。
- 15个"老牌"欧盟成员国的自行车销售额2007年达到了1,900万辆，比2006年增长了2%，比2003年高出11%。作为除汽车之外的一个选择，城市自行车运动的增长被认为是一个因素，也被认为是电动自行车销售增长的原因，这一点在荷兰和德国更为明显。
- 拥有自行车高比率的欧洲大陆国家是通过方便自行车的政策和基础设施来达到某个比率的，比如专用自行车道，停车设施以及与公共交通的融合。
- 相比而言，这些国家的自行车安全程度更高：2007年自行车死亡率，美国是荷兰的8倍，而每公里行路伤害率美国是荷兰的30倍。
- 欧洲城市的自行车租赁计划呈增长趋势。2007年巴黎高调推出"自由自行车"计划20,000辆自行车可以取用（但是，盗窃和破坏也造成了问题）。后来哥本哈根、柏林、法兰克福也实行了自行车租赁计划，之后跟进的是巴塞罗那、马赛和里昂。
- 在伦敦，市长鲍里斯·约翰逊是一个强烈的自行车运动爱好者，2010年，自行车租赁系统行动轰轰烈烈地展开。每天有545,000辆自行车出行，比2008年增长了9%，是2000年的两倍。2000年以来，沿城市主干道使用的自行车增长107%。
- 伦敦交通部门正努力克服危险感觉：2008年6,000名成人和39,000名儿童参加了自由或补助式自行车培训项目，"周五自行车"是一个行动方案，沿6条路线往返上下班的人每周一次实行有监督群体骑行。
- 在英格兰，根据2008年的调查，每天830万去上学的儿童中，2%骑自行车，而有1/3儿童宣称最喜欢骑自行车。
- 非洲的自行车市场占有率仍然很低，自行车的价格范围也很大，大多数城市不适宜骑自行车。然而，越来越多的医疗机构在使用自行车，尤其是在免疫项目中进行。一家总部在英国的慈善机构"再旋转协会（Re-cycle）"收集和修补翻新那些废弃的自行车，然后运到非洲，与当地非政府组织合作，使用自行车运送重物（比如水），并且教授自行车保养。到2009年中期，已向14个国家运送31,000辆自行车。
- 在美国，2008年自行车的销售计划达到1,850万辆，高于2007年的1,820万辆和1998年的1,580万辆。但是比2000年的2,090万辆有所降低。据估计，4,470万大于7岁的美国人2008年骑自行车的次数为6次或6次以上，比2007年增长了11%，但是低于1995年5,630万的高峰人数。在美国，骑自行车主要是娱乐；交通使用自行车是一个不断增长的市场，但是根据2006年的调查，只有10%的人骑自行车是为了上下班。

资料来源：世界观察研究所，全民自行车协会（Bike for All），欧洲自行车协会（Bike Europe），《工间休息》（*Time Out*），伦敦交通组织（Transport for London）、再旋转协会、国家自行车交易者协会（National Bicycle Dealers Association），美国自行车联盟（League of American Bicyclists）。

船 业

商务船队

2008	各注册国（船只数量）		各注册国（载重吨位，百万）
中国	3,303	希腊	174.6
德国	3,208	日本	161.7
希腊	3,115	德国	94.2
日本	3,115	中国	84.9
俄罗斯	2,111	挪威	46.9
挪威	1,827	美国	39.8
美国	1,769	韩国	37.7
韩国	1,140	中国香港	33.4
土耳其	1,026	新加坡	28.6
英国	876	丹麦	27.4
新加坡	869	中国台湾	26.2
丹麦	861	英国	26.0
印度尼西亚	850	加拿大	18.7
荷兰	792	俄罗斯	18.0
意大利	773	意大利	17.7
中国香港	657	印度	16.0
中国台湾	590	土耳其	13.2

资料来源：劳埃德船级社（Lloyd's Register）。

铁路普及度

	乘客（每年每人公里数，2007年）		货物（每年百万吨公里数，2007年）
瑞士	2,103	美国	1,8220,061
日本	1,978	中国	2,211,246
法国	1,350	俄罗斯	2,090,337
俄罗斯	1,224	印度	480,993
乌克兰	1,145	加拿大	353,227
奥地利	1,104	乌克兰	240,810
丹麦	1,041	巴西	232,297

资料来源：国际铁路联合会（International Union of Railways）。

商业创造与研究

创新指数

2008 年

美国	5.84	荷兰	4.82
芬兰	5.57	比利时	4.69
瑞士	5.54	奥地利	4.68
日本	5.52	法国	4.67
瑞典	5.42	英国	4.66
以色列	5.26	冰岛	4.62
中国台湾	5.23	挪威	4.60
德国	5.22	澳大利亚	4.46
韩国	5.18	爱尔兰	4.39
丹麦	5.09	马来西亚	4.28
新加坡	5.08	卢森堡	4.15
加拿大	4.82	中国香港	4.11

技术就绪指数

2008 年

荷兰	6.01	韩国	5.51
瑞典	5.99	芬兰	5.46
丹麦	5.87	奥地利	5.34
挪威	5.81	中国台湾	5.34
瑞士	5.76	爱沙尼亚	5.30
冰岛	5.65	德国	5.22
新加坡	5.65	澳大利亚	5.21
英国	5.62	法国	5.16
加拿大	5.61	日本	5.11
香港	5.60	新西兰	5.09
美国	5.57	比利时	5.01
卢森堡	5.52	爱尔兰	4.98

创新指数是采用新技术和商业与科技部门交流的计量单位。它包括对研究机构投资和知识产权保护的措施。技术就绪指数衡量的是经济采用新技术的能力。它包括信息和通信技术使用方法、信息和通信技术相关的规章制度以及新技术运用于商业的有效性。

研发经费总额

占国民生产总值 %, 2006		十亿美元（2006 年）	
以色列	4.59	美国	343.7
瑞典	3.73	日本	148.4
芬兰	3.45	德国	73.8
日本	3.39	法国	47.5
韩国	3.22	英国	42.7
瑞士 *	2.90	中国	37.7
美国	2.61	韩国	28.6
中国台湾	2.58	加拿大	25.0
德国	2.53	意大利 †	19.4
奥地利	2.46	西班牙	14.8
丹麦	2.45	瑞典	14.7
新加坡	2.31	澳大利亚 *	11.8
法国	2.09	荷兰	11.2
加拿大	1.95	俄罗斯	10.6
澳大利亚 *	1.84	瑞士 *	10.5
比利时	1.82	中国台湾	9.4
英国	1.76	奥地利	7.9
荷兰	1.65	比利时	7.3
捷克共和国	1.55	巴西 †	7.3
挪威	1.52	芬兰	7.2
斯洛文尼亚	1.50	丹麦	6.7
卢森堡	1.47	以色列	6.6
中国	1.36	挪威	5.1
爱尔兰	1.30	印度	4.8
西班牙	1.20	墨西哥 †	3.9

*2004
†2005

资料来源：《世界竞争力年鉴》，瑞士洛桑国际管理学院（IMD）。

发明家与发明

1450 年 利昂·巴蒂斯塔·艾尔伯特 来自热那亚的意大利哲学家、建筑家、音乐家、画家和雕塑家,发明了第一个机械风速计。

1756 年 约翰·斯米顿 英国工程师,通过往水泥中添加骨料制作混凝土。1824 年另外一名英国人约瑟夫·阿斯普登通过把石灰石和黏土烧制在一起,发明了波特兰水泥。1967 年法国园艺师约瑟夫·莫尼尔因加强型水泥获得了专利。

1830 年 埃德温·比尔德·巴丁 英国格罗斯特郡斯特劳德的一名工程师,他的机械除草机获得了首个专利。

1843 年 亚历山大·贝恩 苏格兰制表匠,获得了传真机的专利,比电话获得专利早 33 年。首次商业传真服务 1865 年在巴黎和里昂之间开业经营。

1849 年 沃尔特·亨特 纽约发明家,因安全别针获得专利。

1851 年 伊莱亚斯·豪 获得了自动连续衣服闭合配件,但是他没有把发明进一步发展。1896 年,惠特科姆·贾德森把钩子锁扣推向市场,这是一种钩儿和眼儿组合的鞋子扣件。1913 年,生于瑞典居住在加拿大的电器工程师吉迪恩·森德柏克改良了贾森德的安全扣件,发明了现代拉链。

1861 年 伊莱莎·奥蒂斯 因起重器具的改善而获得专利。升降机已被使用了一段时间,但是奥蒂斯发明了一种安全机械,可以在绳子断掉时停止下落,这样打开了安全客运升降机器的道路,为高层建筑的发展提供了条件。

1866 年 乔治·麦克吉尔 发明了专利单击订书夹具,把铜质锁扣嵌进书页。1895 年位于康涅狄格州诺沃克的琼斯制造业公司(Jones manufacturing Company)推出第一个订书机,使用连续钉折的钢钉。

1872 年 阿伦·蒙哥马利·沃德 为他总部在芝加哥的企业发出世界上第一个邮件订单目录。

1873 年 约瑟夫·格利登 是伊利诺伊州笛卡尔布的农民,他申请了带刺铁丝网的专利。

1873 年 利维·斯特劳斯 巴伐利亚移民,在淘金热时期去了加利福尼亚州。他和内华达州里诺市的裁缝雅各布·戴维斯因为给裤子加上铆钉进行加固从而制作了结实的工装,由此获得了专利。之后不久他们开始制造第一条蓝色斜纹粗棉布牛仔裤。

1876 年 亚历山大·格雷厄姆·贝尔 在马萨诸塞州波士顿为他的"电力发声机"揭幕，后来被称作电话，他与助手进行了第一次电话通话："沃特森先生，快来我这儿吧。我想见到你。"它在自己的竞争对手伊莱莎·格雷之前数小时提交了发明专利申请，但二者当时都未制造出可以实际使用的电话。贝尔的装置融入了他的竞争对手的电话装置要素，而这些要素在原始的专利申请书中并未出现，这引起了争议。

1877 年 托马斯·爱迪生 发明了锡箔纸留声机。1833 年亚历山大·格雷厄姆·贝尔的格拉福风留声机使用了蜡制滚筒，这样可以播放多次，但是需要为每个滚筒分别录制声音。1887 年，在华盛顿特区工作的德国移民艾米利·柏林纳获得了留声机的专利。可以在这架留声机上播放多重、可复制并提前录制好的平碟唱片。

1879 年 托马斯·爱迪生 发明了第一个实用电灯泡。尽管这一想法已经不新奇，在这之前，没有人成功地批量制造出便宜且耐用的灯泡。

1883 年 詹姆斯·里特和约翰·伯奇 因为第一台收银机获得了专利，发明这台收银机是为了在俄亥俄州代顿市里特的酒吧里使用。

1888 年 马尔文·斯通 在华盛顿特区，获得了螺旋式工序生产第一批涂蜡纸质吸管的专利。

1888 年 托马斯·爱迪生 为他的活动电影放映机递交专利申请，这是现代电影摄影机的前身。

1891 年 詹姆斯·奈史密斯 加拿大体育教育教师，发明了篮球。

1895 年 查尔斯·费 旧金山汽车机械师，发明了第一台机械水果机"自由钟"。

1895 年 古利莫·马可尼 在意大利他的实验室向一英里以外的地方发送无线电信号。第二年，在英国它获得世界上第一个无线电电报系统的专利。

1899 年 约翰·瓦勒 挪威发明家，在德国获得回形针专利。它的设计从来都没有真正流行开来，因为杰姆回形针（当今最普遍使用的一种）在英国已经投入生产。

1903 年 艾尔伯特·帕克豪斯 是位于密歇根州杰克逊市的廷伯莱克铁丝和小商品公司（Timberlake Wire and

Novelty Company）的雇员，它发明了衣架，用一根弯曲的铁丝，两头拧在一起形成一个钩，这样制成了衣架。显然，在此之前，同事们在抱怨公司提供的储放衣服的空间不够。

1908 年 雅克·布兰登伯格 瑞士工程师，为法国纺织品公司工作。它发明了子母电话。

1921 年 厄尔·迪克森 在强生公司工作，负责购买棉花。他发明了邦迪自粘式胶带。

1921 年 约翰·拉森 加利福尼亚大学医学专业的学生，发明了多种波动描记器，一种测谎仪。

1927 年 埃里克·罗森 挪威人，获得了首个喷雾罐专利，使用推力系统用于产品。

1930 年 透明胶带 世界上第一条透明的玻璃纸黏性胶带问世，由位于明尼苏达州圣保罗的 3M 公司工程师理查德·德鲁发明。1932 年，另一位 3M 公司的工程师约翰·伯顿发明了胶带分片器，里面带有内置的切割刀。

1932 年 卡尔顿·科尔马吉 发明了第一个停车计时器，以解决俄克拉荷马城不断出现的停车拥挤问题。计时器 3 年之后首次安装使用。

1934 年 珀西·肖 是一个 23 岁的英国发明家。他获得了猫眼的专利，以帮助雾天或黑夜行车。

1938 年 拉兹罗·比罗 匈牙利记者，他发明了圆珠笔。

1938 年 聚四氟乙烯 由罗伊·普伦基特在新泽西州杜邦研究机构中发现。聚四氟乙烯 1945 年首次以特富龙身份推向市场。

1940 年 诺曼·布雷基 多伦多人，发明了滚漆筒。

1942 年 氰基丙烯酸盐黏合剂 由哈里·库弗在柯达研究实验室为瞄准器研制一种塑料时发明的。这一产品 1958 年之前并未考虑做商业用途。后来成为人所共知的超强力胶水。

1947 年 晶体管 由贝尔电话实验室的一个团队发明。这一研究团队由物理学家约翰·巴丁、沃尔特·布拉顿和威廉·肖克利领导。1958 年，德州仪器公司（Texas Instruments）的杰克·基尔比向公众展示了集成电路，但是 1959 年，飞兆半导体公司（Fairchild Semiconductor）为罗伯特·诺伊斯发明的半导体集成电路递交了专利申请，从而就谁发明了集成电路板而开始了长达 10 年的法律之战。1968 年，英特尔雇员泰德·霍夫发明了微处理器。1970 年，道格·恩格尔巴特因

"显示系统 X-Y 位置指示器"获得了专利，后来这一指示器发展成为电脑鼠标。1976 年，史蒂夫·乔布斯和史蒂夫·沃兹尼艾克制造出微处理器电脑板，被称为苹果 1 号，一年以后，推出首个个人电脑苹果 2 号。

1951 年 乔治·德·梅斯特尔 的维可牢尼龙搭扣获得专利。这位瑞士工程师、热衷登山运动的登山家和发明家注意到黏附物是如何粘到他的衣服和狗的皮毛上的，于是便有了创造新扣件的想法。

1952 年 约瑟夫·伍德兰德和伯纳德·西尔弗 费城德雷克赛尔理工学院（Drexel Institute of Technology）毕业生，因为条形码前身的发明而获得专利。

1953 年 诺姆·拉森 化学家，在加利福尼亚州圣地亚哥他的实验室从事隔水剂的工作，多次尝试发明一种防锈蚀配方。1953 年他成功了，WD-40（代表隔水剂，第 40 次尝试）诞生。

1954 年 迪·霍顿和卢·休伊特 在得克萨斯州的科帕斯克里斯蒂市发明了自动滑门。1960 年首个滑门投入使用，这一滑门捐给了帕斯克里斯蒂市的某个单位。

1955 年 尤金·波利 工程师，为美国先熙公司（Zenith Corporation）工作，创造了首个无线电视遥控器，"闪光助手"。

1956 年 克里斯托弗·科克雷尔 英国工程师，发明了气垫船。

1956 年 贝特·奈史密斯·格雷厄姆 在得克萨斯州达拉斯的一名秘书。他销售了第一批名叫"错误没了"的修正液体。数年以后，这一产品得到改善，被重新命名为纸修正液。

1958 年 艾尔弗雷德·诺伊斯塔特尔 纽约布鲁克林人，首先向市场推出"旋转指数"，一种旋转性的理数牌。

1959 年 厄尼·弗雷兹 在俄亥俄州凯特琳市发明了易开拉环罐头，据说，之前他在一次家庭野餐时设法开启了一听啤酒。

1965 年 詹姆斯·罗素 获得了 22 项专利，都是跟他的密纹磁盘有关。只是这种磁盘在 1980 年是被荷兰电子公司飞利浦采用从而广泛使用开来。

1965 年 詹姆斯·法里和罗伯特·莱特 供职于孟山都工业公司，他们为单平面纤丝条递交了专利申请，这一专利产品后来成为了人造草。

1968 年 斯宾塞·西尔弗 3M 公司的研究员，深入研究改善黏合剂，制造出了新型胶水，可以产生微粘合力。另一位研究员阿特·弗赖伊在教堂经常为书签掉出赞美诗书而很恼火，最终想出使用这一产品的办法。1980年即时贴诞生。

1968年 罗伊·雅库兹发明了第一台设备齐全的涡轮浴缸，带有内置喷水式推进器。

1979年 高登·马休位于得克萨斯州达拉斯的公司"语音信息特快专递"（Voice Message Express）为他们的语音邮件系统申请了专利，之后卖给了3M公司。

1981年 国际商用机器公司（IBM）推出了第一台个人电脑，装有一家新上道的软件公司的新型操作系统"微软磁盘操作系统"。

1983年 微软宣布他的新型操作系统下一年将公开发售。一开始被称为"界面管理器"，后来产品更名为"窗口"。

1988年 布莱恩·莫洛伊 和克劳斯·施密格　发明了aryl-oxyphenylpropylamines物质，其中包括盐酸氟西汀，这在礼来公司（Lilly）研制的全世界广泛使用的抗抑郁新药百忧解中是一种活跃成分。

1989年 蒂姆·伯纳斯-李　英国科学家，在位于瑞士粒子物理实验室——欧洲粒子研究所（CERN）供职。他研发出一种系统可以简化数据和信息的分享。1990年，他创造了超文本传送协议（HTTP），使电脑可以通过互联网进行交流。它还为互联网网址设计了统一资源定址符（URl），发明了浏览器程序万维网（WWW），可以找回超文本文件。

1993年 全球定位系统　在美国空军发射了24颗导航卫星定时和测距网络系统中的最后一枚卫星进入地球上空轨道之后，全球定位系统生成。这一世界范围空中导航系统最初是为军事用途而研制的，但是全球定位系统装置现在无处不在，有很多用途，是机动车辆卫星导航系统的基础。

2003年 人类基因组计划　完成了对人体完整基因蓝图绘制地图的任务。美国国家卫生研究所（National Institutes of Health）和能源部（Department of Energy）与维康信托基金会英国桑格研究院（Wellcome Trust Sanger Institute）在这一国际项目中做了大部分工作，确定了人类基因组的脱氧核糖核酸序列。

部分知名专利

发明	获得专利年代	注册人
轧棉机	1794	伊莱·惠特尼
机械收割机	1834	赛勒斯·霍尔·麦考密克
具有可互换零件的左轮手枪	1836	塞缪尔·柯尔特
螺旋桨	1838	约翰·埃里克森
电报	1840	塞缪尔·莫尔斯
橡胶硫化技术	1844	查尔斯·固特异
浮标船方法	1849	亚伯拉罕·林肯
电气火警	1852	摩西·格里什·法默
蜂箱	1852	洛伦佐·洛兰·兰斯特罗思
柱状弹子锁	1861	莱纳斯·耶尔（小）
证券报价机	1863	爱德华·卡拉汉
铸钢犁	1865	约翰·迪尔
蒸汽锅炉	1867	乔治·巴布科克、斯蒂芬·威尔科克斯
打字机	1868	克里斯托弗·肖尔斯
甘油炸药	1868	艾尔弗雷德·诺贝尔
后装式枪械	1879	约翰·摩西·布朗宁
自由女神雕像	1879	奥古斯特·巴托尔迪
平底纸袋制作机器	1879	玛格丽特·E. 奈特
交流电	1886	威廉·斯坦利
穿孔卡片制表机	1889	赫尔曼·霍利里思
自动电话交换机	1891	阿尔蒙·布朗·斯特罗哲
早餐麦片	1896	约翰·哈维·克劳格
内燃机	1898	鲁道夫·迪塞尔
阿司匹林	1900	菲利克斯·霍夫曼
电气铁路	1901	格兰维尔·T. 伍兹
空调	1906	威利斯·哈维兰·卡里尔
飞行器	1906	奥维尔和维尔伯·莱特
汽车	1911	亨利·福特
X光管	1916	威廉·D. 库利奇
潜水服	1921	哈里·霍迪尼
交通信号	1923	加勒特·A. 摩根
涂料与污渍/相同制作过程	1925	乔治·华盛顿·卡弗

发明	获得专利年代	注册人
藤本月季（第一株植物专利注册）	1931	亨利·F.博森伯格
静电摄影（复印）	1939	切斯特·F.卡尔森
荧光灯	1939	埃德蒙·杰默
聚氨酯	1942	威廉·E.汉福德、唐纳德·F.霍姆斯
电视接收机	1948	路易斯·W.帕克
直升机旋翼操纵装置	1954	查尔斯·卡曼
口服避孕药	1954	弗兰克·B.柯尔特
心肺机	1955	约翰·吉本
核子分裂	1955	恩利卡·弗米
脉冲传输控制装置（磁芯存储器前身）	1955	王安
磁带录像	1955	查尔斯·P.金斯伯格
随机存储器	1956	杰伊·W.福里斯特
聚丙烯塑料	1958	罗伯特·班克斯、保罗·霍根
激光	1960	阿瑟·肖罗/查尔斯·汤斯
安全带	1962	尼尔斯·L.博林
光导纤维	1972	唐纳德·凯克/罗伯特·莫勒/彼得·舒尔茨
磁共振成像	1974	雷蒙德·B.达马迪尔
膝盖植入假体	1975	伊西德罗·M.马丁内斯
催化转换器	1975	欧文·拉赫姆/罗纳德·刘易斯
以太网	1977	罗伯特·梅特卡夫
基因工程	1980	赫布·博耶·斯坦·科恩
反馈控制	1985	阿莫·博斯
转基因非人类哺乳动物（第一只动物专利——哈佛鼠）	1988	菲利普·莱德
DNA序列测定	1992	劳埃德·史密斯/勒罗伊·胡德、迈克尔·亨克佩勒/蒂姆·亨克佩勒
光学字符识别	2001	雷蒙德·库兹维尔
分布式任务执行系统（互联网协议）	2003	罗伯特·卡恩/文顿·瑟夫、戴维·埃利

商业礼仪小窍门

即使在不断全球化的世界中，礼仪已变得越来越边界不清，对根本没有礼仪意识的外国人也越发充满了宽容，但是对于你要去的那些地方的人来说要紧的是什么，了解一下还是没有坏处。在此列举一些指导原则。

名片

在亚洲和东亚，交换名片是一件正式的事情。用双手递名片，有礼貌地接受那些递过来的名片（不要随手把名片丢进口袋）。

在日本，要随身携带名片。拿不出一张名片表示你对继续发展彼此的关系不感兴趣。

去中国或日本时，在你的名片一面上印上英语，另一面印上汉语或日语。名片出示时，把日语或汉语的那一面朝上。

在印度，在名片上写上学术资历是很平常的事。

名字、头衔和职位

在日本，尽管一切都处在变化之中，但用名来称呼时要小心；名经常只限于家庭和密友之间使用。总的来说，最好把姓和"先生／女士"一同使用（比如田中先生／女士）；这一点对于男士和女士都适用。

中国人的姓名出现的顺序与西方不同。姓之后跟着辈分名，然后才是自己的名字。辈分名和自己的名字之间通常用连字符隔开。有些中国人使用辈分名和自己名字的首字母缩写，于是李承宽（Lee Cheng-kwan）就被称为 C. K. 李或者是李先生。然而，很多人使用英语名字或昵称，这样可以让西方人更容易称呼。这些使用的外来名字有点奇怪，因此，如果你在香港遇到伊万·侯，不要感到惊讶。

德国人喜欢以职称做称呼，如博士或教授。如果你赞赏他们的教育资历，会证明是更友善的举动。

在印度也是同样的情况。工作职称和专业资历对于准确描述身份职位非常重要，这也显示了那些职位太低下，无法以个人力量完成工作任务。

在日本，进入一辆出租车时，最重要的人坐在中间，而随从助手坐在两边。

在商业谈判中，传统中国公司的代表是按照职务高低的顺序进入房间的。

交流、态度和问候

在日本，不要提高声音；自大的人被认为是可怕和粗鲁的。说话要比你的正常速度稍微慢一点，但是不要太明显。同样，握手太猛烈也被认为是太过分。

在中国和日本，在会议或报告过程中睡着了并不鲜见。微闭双眼也可能是一种专注的标志。在会议和对话中时不时出现的安静被认为是在倾听的而不会让人不舒服。

在泰国，简单的一俯首比握手更让人愿意接受。俯首时双手祈祷的姿势最好避免，以免触犯礼仪规则。

像很多德国人一样，柏林人诚实认真，直截了当。最好是直接说明你的意思，在商务会议之外再尝试幽默。反语讽刺容易被误解。在其他国家，玩笑经过翻译后很容易就失掉了玩笑的意义。

在维持他们的政治体系这一点上，瑞士人在建立共识方面是行家，他们会就一个问题快乐地进行辩论，直到各方都满意为止。

好的行为举止对于墨西哥人来说有时候是使用推辞，以免让人失望。"也许"、"可能"、"我想是这样"和"我会去查一下"意思经常是"不行"。

俄罗斯人可能坚持说他们理解了某事，而实际上并不一定是这样。而且，他们有时会倾向于说你愿意听的事情。

在法国做生意，在最初的会面中要礼貌热情，并记住法国人会对早期的友善持质疑态度。很多法国人认为，溢于言表的微笑表现太过。礼貌的点头会为你赢得更多的尊重。

德国人如果不对你的要求作出回应，很可能是你们产品或服务中的缺陷已引起了他们的注意。这仅仅是因为，说明事实对他们来说没什么不妥。

在会面或报告结尾，德国人经常在桌子上用指关节敲打而不是鼓掌，以此来表示认可或感谢。

美国人最喜欢直接的方式，"告诉我们怎么回事"。加拿大人以理性和逻辑作答，虽然有时，至少是开始阶段，他们会比南边的邻居更内敛。

巴西人对他们谈判的人而不是公司更关注，在他们开始讨论业务的时候，他们肯在谈判上花时间。

在美国和加拿大这样的大国，你会看到各地区之间的态度和行为迥然不同，从纽约经由俄克拉荷马到加利福尼亚，从纽芬兰经由法语区的魁北克到英属哥伦比亚省都是这样。在小国家，也要做好准备，应对地区不同。在意大利和英格兰，大多是南北分界，在英格兰传统上北部被认为比南部简单，而意大利情况正好相反。

向一群印度同事道别时，要花时间跟每个人一一道别。

在中国，"不方便"是一种礼貌的说法，意思是某事不可能或很困难。

限期和守时

在德国和瑞士，以及诸如中国之类的其他国家，总是要尽力按时赴约，或者如果可能，要尽早赴约，并且提早安排会见或面谈。而相比而言，在西班牙，如果你要会面的人比约定时间晚15或20分钟才出现，不要觉得反感。

在阿拉伯世界，不要对总是等待会面而感到惊讶。这反映了对时间的不同态度而不是无礼或算计。同时还要做好准备，漫长的一轮轮会面会由于要回应宣礼而被打断。

在日本，不要期望对任何事情立即会得到回应。决定通常是集体作出的，回复尤其要比西方的公司花费更长的时间。然而在日本，一旦作出决定，机器就会顺畅地往前走，行动就会非常迅速。

在法国，产品的质量和争论的说服力比限期的设置重要得多。

"不不"知多少

在阿拉伯国家，男性出差旅行时不应该与当地女性调情。

在日本，不要把你的筷子竖直立在米饭碗里：这样很像是佛教的葬礼风俗。

在俄罗斯，不要在门口握手，不要用蜡烛点烟，不要拿双数的花或者不要在屋里吹哨。

去加利福尼亚时，不要吹嘘你的过去。在这儿，你的家谱不会像你的下一个伟大观点那样重要。

在香港，对某人眨眼被认为是不礼貌的。

很多新加坡人把强烈的眼神交流看作为挑衅。在会面中，要朝下看，尤其是对那些地位较低的人。把一只拳头重砸在另一只手掌中是要避免的动作，因为很多人认为这是下流的动作。两手叉腰的动作，也就是高高站着，手撑在臀部，尤其被认为是让人愤怒的冒犯性的动作。

饮食与饮酒

在伦敦很少会在早饭时会面。大多数英国人赞同奥斯卡·王尔德的说法"只有无聊的人才对早餐感兴趣"。

工间狼吞虎咽吃下一个三明治验证了法国人对于盎格鲁—撒克逊人老套的最差评价。午餐，就是坐下就吃的事，通常被看作是工间的休息，边吃边说的谈话内容很少跟工作相关。在商务午餐时拒绝喝酒是可以的，但是在晚间大餐时拒绝喝酒被认为是粗鲁行为。

在俄罗斯，去一家饭店时总是要把衣服交给衣帽间，把衣服搭在椅背上会让人不悦。

在意大利，餐后要点一杯浓咖啡。用起泡的卡布奇诺结束一餐会让意大利人觉得不可思议。

在日本，不要用送上来的湿热毛巾擤鼻子。

根据德国人的迷信，如果碰杯时你不看着另一个人的眼睛，不和谐的性行为就会伴随 7 年。

俄罗斯人喝酒时都会要拼盘或者一点黑面包，在每次喝一点酒之后，这些东西会帮助迅速吸收酒精。

社交饮酒在墨西哥很普遍，在那里，你会看到在午餐时喝得酩酊大醉，也可能为了庆祝达成交易而去脱衣舞夜总会。

在纽约，商务午餐会以工作事宜为主。焦点不会在食物和酒上。吸烟（现在，所有饭店和酒吧都禁止吸烟）通常被看作是弱势而不是老练的信号。液体午餐很少见：大多数纽约人会坚持喝矿泉汽水。

敬酒在俄罗斯很重要。为国际友谊、为企业的成功或者任何其他温暖人心的目标而喝酒干杯。

个人面子和空间

没人喜欢在公开场合丢面子，但是在亚洲和东亚，千万不要低估了"维护面子"的重要性。引发尴尬和损失面子会让精心策划的商业计划泡汤。面子在南美也尤其重要。

情感的触觉表达（拍拍后背，拥抱）和亲吻脸颊在沙特阿拉伯和海湾地区的男性之间完全得到认可。

严谨的穆斯林信徒不会跟与他们没有关系的女性握手。作为一个替代办法，他们会把手掌轻轻地放在你的胸口上。

个人空间在中国不是很重视：人们会非常靠近你，但是商务会面中，除握手之外的唯一的身体接触有可能是主人拉着你的胳膊告诉你路怎么走。

公开表达喜爱或者延长身体接触的时间在日本和韩国不合适。

着装小窍门

意大利人倾向于马上注意鞋子。要让你的鞋子擦得亮亮的，并保持良好状态。

去中东出差的女性应穿着保守（长袖，裙子低于膝盖）。

在拉丁美洲城市，高跟鞋、短裙和低领口对于女性来说完全可以让人接受。

在日本，屋里或寺庙里不穿鞋子。那里会为客人准备各种拖鞋供选择。把你的鞋子（头朝外）放在指定地点，然后进入主屋。进入榻榻米房间时，要脱掉拖鞋。

在以色列，非正式场合看到主管领导穿着拖鞋不要感到惊讶。

体育

很多德国人认为谈论体育是没有教养的人的专属。

但是在为体育而疯狂的澳大利亚，知道谁最近赢得了重大赛船项目、橄榄球联赛和板球比赛会有益处。

在南非，商务会面之前，要温习一下最新的橄榄球比赛或南非跳羚队的胜负。由于国际足联决定在南非举办 2010 年世界杯比赛，人们越来越多地谈到足球。

是和不是

在保加利亚以及希腊和土耳其的部分地区，点头和摇头的意义跟世界其他地区正好相反。

日本人避免说"不"。"是"通常意味着"是的，我听到你说的了"。

印度人和新加坡人都不喜欢说"不"。跟通常大家认为的不同，肢体语言经常会给我们提供更多的线索。为你的问题思考措辞，避免"是/不是"这样的回答。

"有些人把私有企业看作凶猛的老虎,必诛之而后快。其他人把这类企业看作是奶牛,总想挤出些油水来。只有少数人看到的是它的真实面貌:那是拉动整架马车的悍马。"

——温斯顿·丘吉尔,英国政治家

"美国人的正业就是商业。"

——卡尔文·柯立芝,美国前总统

图书在版编目(CIP)数据

经济学超市/《经济学人》杂志社编;林虹译.—北京:商务印书馆,2013
ISBN 978-7-100-09676-8

Ⅰ.①经… Ⅱ.①经…②林… Ⅲ.①经济学—通俗读物 Ⅳ.①F0-49

中国版本图书馆 CIP 数据核字(2012)第 309121 号

所有权利保留。
未经许可,不得以任何方式使用。

经济学超市

《经济学人》杂志社 编

林虹 译

商 务 印 书 馆 出 版
(北京王府井大街36号 邮政编码 100710)
商 务 印 书 馆 发 行
北京瑞古冠中印刷厂印刷
ISBN 978-7-100-09676-8

2013 年 12 月第 1 版	开本 850×1168 1/32
2013 年 12 月北京第 1 次印刷	印张 8

定价:25.00元